T0013423

UN REGALO DE:

_____

PARA:

_____

FECHA:

_____

Dios te ayudará

Dios te ayudará

MAX LUCADO

CON ANDREA LUCADO

GRUPO NELSON

Desde 1798

Dios te ayudará
© 2021 por Grupo Nelson

En este libro aparecen porciones de: *Ansiosos por nada, Nunca estás solo, Sin temor, Jesús* y *El secreto de la felicidad*.

Publicado en Nashville, Tennessee, Estados Unidos de América.
Grupo Nelson es una marca registrada de Thomas Nelson.
www.gruponelson.com
Este título también está disponible en formato electrónico.

Título en inglés: *God Will Help You*
© 2020 por Max Lucado con Andrea Lucado
Publicado por Thomas Nelson

Publicado por Thomas Nelson. Thomas Nelson es una marca registrada de
HarperCollins Christian Publishing, Inc.

Todos los derechos reservados. Ninguna porción de este libro podrá ser reproducida, almacenada en ningún sistema de recuperación, o transmitida en cualquier forma o por cualquier medio —mecánicos, fotocopias, grabación u otro—, excepto por citas breves en revistas impresas, sin la autorización previa por escrito de la editorial.

A menos que se indique lo contrario, todas las citas bíblicas son de la Santa Biblia, Nueva Versión Internacional® NVI®. Copyright © 1999, 2015 por Biblica, Inc.® Usada con permiso de Biblica, Inc.® Reservados todos los derechos en todo el mundo.

Las citas bíblicas marcadas «RVR1960» son de la Santa Biblia, Versión Reina-Valera 1960 © 1960 por Sociedades Bíblicas en América Latina, © renovada 1988 por Sociedades Bíblicas Unidas. Usada con permiso. Reina-Valera 1960® es una marca registrada de la American Bible Society y puede ser usada solamente bajo licencia.

Las citas bíblicas marcadas «DHH» son de la Biblia Dios Habla Hoy®, Tercera edición © Sociedades Bíblicas Unidas, 1966, 1970, 1979, 1983, 1996. Usada con permiso.

Las citas bíblicas marcadas «TLA» son de la Traducción en Lenguaje Actual © 2000 por Sociedades Bíblicas Unidas. Usada con permiso.

Las citas bíblicas marcadas «NTV» son de la Nueva Traducción Viviente, © Tyndale House Foundation, 2010. Usada con permiso de Tyndale House Publishers, Inc., 351 Executive Dr., Carol Stream, IL 60188, Estados Unidos de América. Todos los derechos reservados.
Cualquier uso de cursivas en versículos bíblicos refleja el énfasis agregado del autor.

Los sitios web, números telefónicos y datos de compañías y productos mencionados en este libro se ofrecen solo como un recurso para el lector. De ninguna manera representan ni implican aprobación ni apoyo de parte de Grupo Nelson, ni responde la editorial por la existencia, el contenido o los servicios de estos sitios, números, compañías o productos más allá de la vida de este libro.

Editora en Jefe: *Graciela Lelli*
Traducción: *Omayra Ortiz*
Adaptación del diseño al español: *Mauricio Días*

ISBN: 978-1-40022-603-0
ebook: 978-1-40022-602-3

Impreso en Estados Unidos de América
21 22 23 24 25 LSC 9 8 7 6 5 4 3 2 1

Contenido

Introducción   *ix*

Capítulo 1   Dios te ayudará cuando te sientas ansioso   1
Capítulo 2   Dios te ayudará a solucionar tus problemas   21
Capítulo 3   Dios te ayudará a vencer tus temores   39
Capítulo 4   Dios te ayudará cuando te sientas atascado   55
Capítulo 5   Dios te ayudará cuando te sientas solo   73
Capítulo 6   Dios te ayudará en tu vida cotidiana   89
Capítulo 7   Dios te ayudará cuando estés enfermo   107
Capítulo 8   Dios te ayudará a superar el dolor de la muerte   123
Capítulo 9   Dios te ayudará cuando necesites dirección   139
Capítulo 10 Dios te ayudará a perdonar   157

Conclusión   175
Notas   181
Acerca del autor   187

Introducción

Él es el viejito en la banda de marcha de los Cardenales de Louisville. Salta a la vista. Todos los demás están en edad universitaria; él es de mediana edad. Todos los demás visten el uniforme de la banda; él viste una chaqueta estilo cazadora y una gorra de lana. Todos los demás tocan un instrumento. Patrick John Hughes empuja una silla de ruedas. En ella está su hijo, Patrick Henry Hughes, un genio de la música, ciego y discapacitado.

El Patrick joven nació el 10 de marzo de 1988. Tan pronto llegó al mundo, la buena noticia se convirtió en mala. Los médicos descubrieron rápidamente que no podía estirar sus brazos ni sus piernas. ¿Y sus ojos? No tenía ninguno.

El Patrick más viejo estaba aturdido. Había soñado con criar a un hijo. Había planeado convertir su patio en un campo de béisbol. Se imaginaba pasando el tiempo felices, corriendo las bases y atrapando pelotas en el aire. Pero ¿ahora? Su hijo escribió después estas palabras: «El día en que nací, podrías decir que llegué cargando una bolsa de limones... Creo que [mi familia] habría preferido naranjas... Pero, por más que trates, no puedes convertir limones en naranjas. Mamá y papá me enseñaron a no rendirme. Y una vez que lo haces, descubres que los limones son bastante buenos».[1]

Y sin duda alguna, los padres de Patrick no se rindieron.

El papá notó que su bebé se calmaba si lo ponía encima del piano y lo tocaba. Tenía cierta conexión con la música. A los nueve meses, Patrick hijo ya golpeaba las teclas. A los dos años tocaba peticiones. En la escuela primaria ejecutó conciertos. En la secundaria, estaba en el equipo estatal de banda y coro. Se graduó con 3.0 de promedio general.

Cuando llegó a la Universidad de Louisville, sus destrezas con el piano y la trompeta eran reconocidas por muchos. El director de la banda lo invitó a unirse a la banda de marcha. ¿Una silla de ruedas en el espectáculo de medio tiempo?

Así que modificaron una silla de ruedas especial con ruedas más grandes y más anchas. El adolescente y el papá decidieron probarla en el campamento de verano de la banda: doce horas esquivando tubas y moviéndose a la posición correcta, sin derribar toda la sección de vientos.

«Él todavía no me ha botado», comentó sonriéndose el muchacho.

Y parece que nunca lo hará. Todos los días lectivos, el papá empujaba a su hijo hasta su salón, se sentaba cerca y escuchaba las lecciones. Leía en voz baja las lecciones escritas en la pizarra. Luego, mientras el resto de la familia dormía, el papá salía a trabajar en el turno de noche. Regresaba a la casa a las seis de la mañana, dormía unas pocas horas y comenzaba todo otra vez. Pero ese papá nunca se queja. Él comenta: «Todavía nos preguntamos "¿por qué nosotros?", pero ahora lo hacemos así: "¿Por qué nosotros? ¿Por qué fuimos los afortunados?"».[2] Si la historia de ellos te suena familiar, es porque lo es. Somos tú y yo en la silla de ruedas, luchando con nuestras limitaciones. Somos tú y yo en la oscuridad, incapaces de dar un paso hacia el futuro.

No obstante, ¿y esa fuerza que sentimos, esa mano que nos dirige? Es Dios detrás de nosotros. Es él, que empuja, hala, guía, mueve. Él puede hacer que cambiemos de enfoque en un instante y es conocido por hacer piruetas sobre una o dos ruedas. Pero nunca nos desechará. Nuestro Padre nos dirige con mano segura. «No temas, porque yo estoy contigo;

no te angusties, porque yo soy tu Dios. Te fortaleceré y te ayudaré; te sostendré con mi diestra victoriosa» (Isaías 41:10).

¿Te preocupa el mañana? A Dios no y está aquí para ayudarte.

¿Estás cansado de luchar? Dios no y está aquí para ayudarte.

¿Te está robando el sueño la ansiedad? Dios tiene solaz y está aquí para ayudarte.

No importa cuál sea la pregunta o el desafío, puedes enfrentarlo por la gracia de Dios. Él da la talla para la tarea. Y te ayudará.

CAPÍTULO 1

Dios te ayudará cuando te sientas ansioso

*E*s muy probable que tú o alguien que conozcas esté batallando seriamente con la ansiedad. Según el Instituto Nacional de la Salud Mental, los trastornos de ansiedad están alcanzando niveles epidémicos. En un año determinado, cerca de cincuenta millones de estadounidenses sentirán los efectos de un ataque de pánico, fobias u otros trastornos de ansiedad. El pecho se nos apretará. Nos sentiremos mareados. Evitaremos el contacto con otras personas y temeremos a las multitudes. En Estados Unidos, los trastornos de ansiedad son el «problema mental número uno entre... las mujeres, y el segundo, luego del uso y abuso del alcohol y las drogas, entre los hombres».[1] «Estados Unidos es ahora la nación más ansiosa en el mundo».[2] (¡Felicitaciones a todos nosotros!).

El *Journal of the American Medical Association* citó un estudio que indica un aumento exponencial en la depresión. Las personas en cada generación del siglo veinte «tenían tres veces más probabilidades de sufrir de depresión que los individuos de la generación anterior».[3]

¿Cómo es posible? Nuestros autos son más seguros que nunca antes. Regulamos los alimentos, el agua y la electricidad. Si bien las pandillas todavía merodean nuestras calles, la mayoría de los estadounidenses no vive bajo el peligro de un ataque inminente. No obstante, si la preocupación fuera un acontecimiento olímpico, ¡ganaríamos la medalla de oro! Lo irónico es que los ciudadanos de países menos desarrollados disfrutan de más tranquilidad. Ellos sufren una quinta parte de los niveles de ansiedad de los estadounidenses, a pesar de que tienen menos provisiones para las necesidades básicas de la vida.[4]

> Si la preocupación fuera un acontecimiento olímpico, ¡ganaríamos la medalla de oro!

Nuestros jóvenes universitarios también lo están sintiendo. En un estudio que incluyó a más de doscientos mil estudiantes de primer año, «estos presentaron niveles bajos sin precedentes en salud mental y estabilidad emocional en general».[5] El psicólogo Robert Leahy señala: «El niño promedio de hoy exhibe el mismo nivel de ansiedad que el paciente de psiquiatría promedio de la década de los cincuenta».[6]

Estamos tensos.

¿Por qué? ¿Cuál es la causa de nuestra ansiedad?

El cambio, entre otras cosas. Los investigadores especulan que ¡«el ambiente y el orden social [del mundo occidental] han cambiado más en los pasados treinta años que lo que cambiaron en los trescientos años anteriores»![7] Piensa en lo que ha cambiado. La tecnología. El surgimiento de la Internet. El aumento en las advertencias sobre el calentamiento global, una guerra nuclear y los ataques terroristas.

Además, nos movemos más rápido que nunca. Nuestros antepasados viajaban tan lejos como un caballo o un camello pudieran llevarlos mientras hubiera luz natural. ¿Y nosotros? Nos movemos entre husos horarios como si estuviéramos en las calles de un vecindario.

¿Y qué del embate de los retos personales? Estás enfrentando, tú o alguien que conoces, la ejecución de una hipoteca, luchando contra el cáncer, atravesando un divorcio o batallando contra una adicción. Alguien que conoces, o tú mismo, está en bancarrota, no tiene ni un centavo o está cerrando una empresa.

Cualquiera pensaría que los cristianos estamos exentos de la ansiedad. Pero no lo estamos. Nos han enseñado que la vida cristiana es una vida de paz y, cuando no la sentimos, asumimos que el problema es interno. Entonces, no solo nos sentimos ansiosos, ¡sino que también nos sentimos culpables de nuestra ansiedad! El resultado es una espiral descendente de preocupación, culpa, preocupación, culpa.

Eso basta para que alguien se sienta ansioso.

Es suficiente para que nos cuestionemos si el apóstol Pablo estaba ajeno a la realidad cuando escribió: «No se inquieten por nada» (Filipenses 4:6).

«Inquiétense menos» habría sido un desafío suficiente. O, «inquiétense solo los jueves». O, «inquiétense solo en épocas de aflicción severa». Pero aquí no parece que Pablo nos esté dando ningún margen. No se inquieten por nada. Nada. Niente. Cero. ¿Fue esto lo que quiso decir? No exactamente. Escribió la frase en tiempo presente activo, lo que implica un estado continuo. Lo que Pablo quería

> La presencia de la ansiedad es inevitable, pero la prisión de la ansiedad es opcional.

abordar era la vida en un estado de ansiedad perpetua. La Traducción Lucado Revisada dice: «No permitas que nada en la vida te deje sin aliento y en angustia perpetuamente». La presencia de la ansiedad es inevitable, pero la prisión de la ansiedad es opcional.

La ansiedad no es pecado; es una emoción. (Así que, no estés ansioso por sentirte ansioso). Sin embargo, la ansiedad sí puede llevar a una conducta pecaminosa. Cuando adormecemos nuestros temores con paquetes de latas de cerveza o con atracones de comida; cuando vomitamos ira como el volcán Krakatoa; cuando traficamos nuestros miedos con cualquiera que los compre, sí estamos pecando. Si la ansiedad tóxica te lleva a abandonar a tu cónyuge, a descuidar a tus hijos, a romper pactos o a destrozar corazones, presta atención. Jesús pronunció estas palabras: «Tengan cuidado y no dejen que sus corazones se hagan insensibles por [...] las preocupaciones de esta vida» (Lucas 21:34 DHH). ¿Está agobiado tu corazón por la preocupación? Presta atención a estas señales:

- ¿Te estás riendo menos que antes?
- ¿Ves problemas en cada promesa?

- ¿Te describirían las personas que mejor te conocen como alguien negativo y crítico?
- ¿Asumes que algo malo va a ocurrir?
- ¿Disuelves o minimizas las buenas noticias con una dosis de tu versión de la realidad?
- ¿Hay muchos días en los que preferirías quedarte en la cama en vez de levantarte?
- ¿Exageras lo negativo y desestimas lo positivo?
- Dada la oportunidad, ¿evitarías cualquier interacción con la humanidad por el resto de tu vida?

Si contestaste afirmativamente a la mayoría de estas preguntas, tengo un amigo que quiero presentarte. En realidad, me gustaría que leyeras un pasaje bíblico. He leído estas palabras tantas veces que ya somos amigos. Me gustaría nominar este pasaje para el Salón de la Fama de las Escrituras. En la pared del museo donde se exhiben las palabras enmarcadas del Salmo 23, el Padrenuestro y Juan 3.16, también deberían exhibir Filipenses 4:4-8:

Alégrense siempre en el Señor. Insisto: ¡Alégrense! Que su amabilidad sea evidente a todos. El Señor está cerca.

No se inquieten por nada; más bien, en toda ocasión, con oración y ruego, presenten sus peticiones a Dios y denle gracias. Y la paz de Dios, que sobrepasa todo entendimiento, cuidará sus corazones y sus pensamientos en Cristo Jesús. Por último, hermanos, consideren bien todo lo verdadero, todo lo respetable, todo lo justo, todo lo puro, todo lo amable, todo lo digno de admiración, en fin, todo lo que sea excelente o merezca elogio.

Cinco versículos con cuatro admoniciones que llevan a una promesa maravillosa: «la paz de Dios, que sobrepasa todo entendimiento, cuidará sus corazones y sus pensamientos» (v. 7).

Celebra la bondad de Dios. «Alégrense siempre en el Señor» (v. 4). Esto no significa que ignores ni adornes tus circunstancias. Alégrense siempre en el *Señor.* Celebra lo que él es y lo que ha hecho en tu vida, y alaba su bondad, su fidelidad y su perdón. Estas características de Dios siguen siendo ciertas independientemente de lo que estés pasando.

Acércate a Dios y pídele ayuda. «Presenten sus peticiones a Dios» (v. 6). El versículo cinco dice: «El Señor está cerca». Pablo nos explica que, a causa de la cercanía del Señor, podemos pedirle lo que necesitemos. Su presencia abre paso a nuestras oraciones.

Lleva tus preocupaciones ante él. «Presenten sus peticiones a Dios y denle gracias» (v. 6). No ignores tus preocupaciones. No pretendas que no existen. Exponlas, sé sincero acerca de ellas y luego déjalas en las manos del Padre.

Medita en todo lo bueno. «Consideren bien [...] todo lo que sea excelente o merezca elogio» (v. 8). Nuestras mentes son poderosas. Pueden obsesionarse con el miedo o con lo bueno. ¿Cuál de estos crees que aliviará tu ansiedad? Pablo estaba accediendo a lo que los doctores y los terapistas descubrirían siglos después: que podemos transformar nuestras mentes meditando de manera consciente en todo lo bueno.[1]

¿Podrías usar algo de calma? Si es así, no eres el único. La Biblia es el libro más acentuado en las tabletas Kindle. Y Filipenses 4.6, 7 es el pasaje bíblico más acentuado.[8] Aparentemente, todos podemos usar una palabra reconfortante. Dios está listo para pronunciarla.

---

1. N. del E.: se empleará la palabra CALMA en base al vocablo equivalente en inglés CALM, que representa un acrónimo formado por las siglas de celebra, acércate y pide; lleva y deja; y medita.

Con Dios como tu ayudador, dormirás mejor esta noche y sonreirás más mañana. Esto exigirá algo de trabajo de tu parte. De ninguna manera quiero dar la impresión de que podemos despedirnos de la ansiedad con una sencilla charla alentadora. De hecho, para algunos de ustedes la sanidad de Dios incluirá la ayuda de las terapias y los medicamentos. Si ese es el caso, no pienses ni por un momento que serías un ciudadano del cielo de segunda categoría. Pídele a Dios que te dirija a un consejero o médico calificado que te provea el tratamiento que necesitas. En el contexto de las Escrituras, CALMA es un plan sencillo y algo que puedes comenzar ahora mismo.

> Con Dios como tu ayuda, dormirás mejor esta noche y sonreirás más mañana.

De algo estoy seguro: la voluntad de Dios no es que vivas en ansiedad perpetua. No es su voluntad que enfrentes cada día con miedo e inquietud. Él te creó para mucho más que una vida de angustia que te robe el aliento y de preocupación que divida tu mente. Él tiene un capítulo nuevo para tu vida. Y está listo para escribirlo.

Reflexión

Dedica algún tiempo a reflexionar en lo que has leído, luego escribe tus pensamientos y tus respuestas a las siguientes preguntas.

1. ¿Qué te causa más ansiedad en este día? Describe la situación y cómo te hace sentir. ¿Qué piensas sobre esto? ¿Cómo está afectando tu vida cotidiana?

_____

_____

_____

_____

_____

_____

_____

2. Pablo da cuatro instrucciones en Filipenses 4:4-8. (1) Celebra la bondad de Dios. (2) Acércate a Dios y pídele ayuda. (3) Lleva tus preocupaciones ante él. (4) Medita en todo lo bueno. De las cuatro, ¿cuál practicas más a menudo y cuál sigues menos? ¿Por qué piensas que es así?

_____

_____

_____

_____

_____

_____

_____

_____

_____

_____

_____

3. Usemos el método CALMA con el escenario de lo que escribiste en la primera pregunta.

   Celebra la bondad de Dios. Dedica algunos momentos a escribir sobre las características de Dios que has visto obrando en tu vida. Describe alguna experiencia en la que hayas visto su fidelidad.

   _____

   _____

   _____

   _____

   _____

   _____

   _____

   _____

   _____

Acércate a Dios y pídele ayuda. ¿Qué necesitas de él en este momento? ¿Qué aliviaría tus temores y tu ansiedad?

_____

_____

_____

_____

_____

_____

_____

_____

_____

_____

_____

_____

_____

Lleva tus preocupaciones ante él. Enumera abajo cualquier preocupación que aún esté en tu mente. Luego, entrégale la lista a Dios y pídele que te quite estas cargas.

_____

_____

_____

_____

_____

_____

_____

_____

_____

_____

Medita en todo lo bueno. Termina tu tiempo de reflexión meditando en cosas como la bondad de Dios, la belleza de la naturaleza o una pieza de arte que te guste mucho... lo que sea que inspire todo lo bueno en ti. Escribe sobre eso a continuación.

_____

_____

_____

_____

_____

_____

_____

_____

_____

_____

La Palabra de Dios para ti

Permite que estos pasajes de las Escrituras te recuerden que Dios te ayudará si te sientes ansioso.

> Alégrense siempre en el Señor. Insisto: ¡Alégrense! Que su amabilidad sea evidente a todos. El Señor está cerca. No se inquieten por nada; más bien, en toda ocasión, con oración y ruego, presenten sus peticiones a Dios y denle gracias. Y la paz de Dios, que sobrepasa todo entendimiento, cuidará sus corazones y sus pensamientos en Cristo Jesús. Por último, hermanos, consideren bien todo lo verdadero, todo lo respetable, todo lo justo, todo lo puro, todo lo amable, todo lo digno de admiración, en fin, todo lo que sea excelente o merezca elogio.
>
> Filipenses 4:6-8

La paz de Dios no se parece a la del mundo, que es temporal. Sobrepasa todo entendimiento.

«Yo les he dicho estas cosas para que en mí hallen paz. En este mundo afrontarán aflicciones, pero ¡anímense! Yo he vencido al mundo».

JUAN 16:33

Jesús dice: «Anímense». No te pide que ignores o niegues tu realidad, sino más bien que la reconozcas con el valor que podemos tener en Cristo.

Los justos claman, y el SEÑOR los oye;
los libra de todas sus angustias.
El SEÑOR está cerca de los quebrantados de corazón,
y salva a los de espíritu abatido.

SALMOS 34:17-18

El Señor está cerca cuando estás angustiado. No está enojado contigo ni se siente desilusionado; él está cerca.

Lee la siguiente oración, silenciosamente o en voz alta. Cuando termines de orar, mantente en silencio por un momento para escuchar la voz de Dios.

Dios, te confieso que a menudo me siento ansioso por cosas que no puedo controlar. A veces dudo de tus fuerzas y me pregunto si de verdad te importa. Sé lo que dice tu Palabra. Que no debo sentirme ansioso por nada y que te entregue todas mis preocupaciones, pero necesito tu ayuda para hacerlo. Ayúdame a rendirme a ti, ayúdame a creer, ayúdame a entender que eres bueno, independientemente de mis circunstancias. Fortalece mi fe aun cuando me sienta ansioso. Permite que esta lucha profundice nuestra relación. Gracias por tu fidelidad. Recuérdame los momentos en los que has sido fiel en el pasado para que pueda aferrarme a ellos mientras atravieso las difíciles temporadas de ansiedad. En el nombre de Jesús, amén.

CAPÍTULO 2

Dios te ayudará a solucionar tus problemas

¿Te has sentido abrumado alguna vez? Conoces esa sensación. Conoces el miedo paralizante, como el de un ciervo encandilado, que surge cuando la información por aprender es demasiada, cuando el cambio es muy grande para hacerlo, cuando las decisiones son demasiadas para lidiar con ellas, cuando el dolor es demasiado profundo para sobrevivirlo, cuando la montaña a escalar es demasiado alta. La vida puede eclipsar fácilmente debido a un gran problema o a muchos. ¿Cómo resolverlo? ¿Cómo salir de ello? ¿Cómo evitarlo? No sabemos, así que nos sentimos ansiosos, sentimos miedo y nos preocupamos tratando de encontrar nuestra solución o nuestro plan de escape.

Los discípulos de Jesús se sintieron así un día de primavera en una colina en Galilea.

Algún tiempo después, Jesús se fue a la otra orilla del mar de Galilea (o de Tiberíades). Y mucha gente lo seguía, porque veían las señales milagrosas que hacía en los enfermos. Entonces subió Jesús a una colina y se sentó con sus discípulos. Faltaba muy poco tiempo para la fiesta judía de la Pascua. (Juan 6:1-4)[1]

Para los judíos, la Pascua era una temporada de posibilidades; un recuerdo feliz del éxodo de la esclavitud en Egipto que instaba a una repetición. ¿Llegaría la liberación en la forma de un hacedor de milagros nazareno? ¿Sería él su Moisés y los dirigiría a una tierra prometida? Esperaban que así fuera. Habían visto las señales que hacía. Sabían sobre las sanidades y las enseñanzas. Lo estaban siguiendo alrededor del mar de Galilea.

> ¿Llegaría la liberación en la forma de un hacedor de milagros nazareno?

En un momento dado, Jesús se percató de que la multitud no había comido. No tenían más comida en sus sacos. No había carros que vendieran comida ni tiendas en las que pudieran comprar. Allí había más de quince mil personas (cinco mil hombres, más mujeres y niños) y estaban hambrientos.

«—¿Dónde podemos comprar pan para alimentar a toda esta gente? Lo estaba poniendo a prueba, porque Jesús ya sabía lo que iba a hacer. Felipe contestó: —¡Aunque trabajáramos meses enteros, no tendríamos el dinero suficiente para alimentar a toda esta gente! Entonces habló Andrés, el hermano de Simón Pedro: "Aquí hay un muchachito que tiene cinco panes de cebada y dos pescados. ¿Pero de qué sirven ante esta enorme multitud?"». (vv. 5-9 NTV)[2]

Nota que la frase «toda esta gente» aparece dos veces y la frase «esta enorme multitud» una vez.

1. La pregunta de Jesús: «¿Dónde podemos comprar pan para alimentar a *toda esta gente*?» (v. 5).
2. La respuesta de Felipe: «¡Aunque trabajáramos meses enteros, no tendríamos el dinero suficiente para alimentar a *toda esta gente*!» (v. 7).
3. La idea de Andrés comienza con el almuerzo del niño, pero luego, «¿... de qué sirven [los panes y los peces] ante *esta enorme multitud*?» (v. 9).

Jesús reconoció a «toda esta gente». Felipe no veía ayuda para «toda esta gente». Andrés tuvo una idea, pero la sugerencia se marchitó ante el rostro (o los rostros) de «esta enorme multitud».

¿Cuál es tu versión de «toda esta gente»?

Podría ser algo tan ordinario como «todos estos pañales», o «toda esta tarea escolar» o «todos estos días interminables». O podría ser algo tan perturbador como «toda esta diálisis», o «toda esta depresión» o «todas estas cuentas por pagar».

Sea lo que sea, la demanda supera la oferta y uno se siente tan desesperado como Felipe y tan pobre como Andrés. Nos gustaría pensar que los seguidores responderían con más fe. Después de todo, habían visto el agua transformada en vino y a un cojo caminar. Nos gustaría ver más coraje, más agallas. Más «nosotros no podemos, ¡pero tú puedes, Jesús!». Pero ni ellos ni los otros silenciosos mostraron iniciativa. Contaron a la gente hambrienta, el dinero en la cartera y la cantidad de panes y de peces. Lo que no contaron, sin embargo, fue a Cristo.

¡Y él estaba parado allí mismo! No podía estar más cerca. Podían verlo, escucharlo, tocarlo y hasta olerlo. No obstante, no se les ocurrió la idea de pedirle ayuda. Aun así, Jesús puso manos a la obra.

«Hagan que se sienten todos», ordenó Jesús. En ese lugar había mucha hierba. Así que se sentaron, y los varones adultos eran como cinco mil. Jesús tomó entonces los panes, dio gracias y distribuyó a los que estaban sentados todo lo que quisieron. Lo mismo hizo con los pescados. Una vez que quedaron satisfechos, dijo a sus discípulos: «Recojan los pedazos que sobraron, para que no se desperdicie nada». Así lo hicieron y, con los pedazos de los cinco panes de cebada que les sobraron a los que habían comido, llenaron doce canastas. (Juan 6:10-13)[3]

El desafío imposible de alimentar a «toda esta gente» se convirtió en el inolvidable milagro de toda esta gente alimentada. Lo que nosotros no podemos hacer, ¡Cristo puede hacerlo!

Los problemas que enfrentamos son oportunidades para que Cristo pruebe este punto.

Si ves tus problemas solo como aisladas molestias y dolor, te convertirás en un ser amargado y enojado. Pero si los ves como oportunidades para confiar en Dios y en su capacidad para multiplicar lo que le das, entonces hasta los incidentes más insignificantes cobran importancia. ¿Estás enfrentando quince mil problemas? Antes que cuentes tu dinero, el pan o los peces, y antes de descartarte a ti mismo, ¡voltéate y mira a aquel que está parado a tu lado! Cuenta primero con Cristo. Él puede ayudarte a hacer lo imposible. Simplemente necesitas entregarle lo que tienes y mirar cómo obra.

> Los problemas que enfrentamos son oportunidades para que Cristo pruebe este punto.

«Jesús tomó entonces los panes» (v. 11). No tenía que usarlos. Podía haber convertido los arbustos que estaban cerca en árboles frutales. Podía haber hecho que el mar de Galilea expulsara una gran cantidad de peces. Él hizo que el maná cayera para los israelitas. Pudo haberlo hecho otra vez. Sin embargo, decidió usar la canasta de un muchacho.

¿Qué hay en tu canasta?

¿Lo único que tienes es una oración debilucha? Dásela. ¿Lo único que tienes es una destreza insuficiente? Úsala. ¿Lo único que tienes es una disculpa? Ofrécela. ¿Lo único que te queda es la fuerza para dar un solo paso? Dalo. Ni tú ni yo somos quiénes para decirle a Jesús que nuestro don es muy pequeño. Dios puede tomar algo pequeño y convertirlo en algo grande. Dios usó los gemidos del bebé Moisés para conmover el corazón de la hija del faraón. Usó la mala memoria de un exconvicto para liberar a José de la prisión y enviarlo al palacio. Usó la honda y la piedra de David para derribar al poderoso Goliat. Usó tres clavos y una cruz en bruto para redimir a la humanidad.[4] Si Dios puede convertir una canasta en un bufet con suficiente comida para que sobre, ¿no crees que pueda hacer algo con tus cinco panes y dos peces de fe?

Cuando estamos en medio del problema, es difícil ver una salida. Cuando tenemos recursos limitados, es difícil imaginar que podemos trabajar con lo que tenemos. Pero Dios está por encima del tiempo. Él ve el final. Ya sabe cómo solucionará tu problema. Y los recursos de Dios son infinitos. A él no lo limitan las finanzas, un itinerario sobrecargado ni un jefe difícil. Él hace un sendero donde parece que no hay ninguno. No tienes que resolver esto por ti mismo, Dios no espera que lo hagas. Eres el ser humano. Él es el ser divino. Déjalo que intervenga.

La próxima vez que te sientas abrumado, recuerda a aquel que está parado a tu lado. No estás solo. No careces de ayuda. Lo que te desconcierta a ti no lo turba a él. Lo dificultoso para ti es fácil para él. Tu problema no lo asombra.

Cuando le presentas tus necesidades, él nunca, jamás, se dirige a los ángeles para decirles: «Bueno, finalmente pasó. Me han entregado un código que no puedo descifrar. La petición es demasiado grande, hasta para mí».

Quizás sientas que te superan en número, pero a él no. Entrégale lo que tienes, da gracias y mira cómo se pone a trabajar.

Reflexión

Dedica algún tiempo a reflexionar en lo que has leído, luego escribe tus pensamientos y respuestas a las siguientes preguntas.

1. ¿Qué problema estás enfrentando en este día?

_____

_____

_____

_____

¿Qué recursos tienes para ayudarte a solucionar este problema?

_____

_____

_____

_____

_____

_____

¿Qué recursos te faltan?

_____

_____

_____

_____

_____

_____

2. ¿Le has pedido a Dios que te ayude con este problema? ¿Por qué?

_____

_____

_____

_____

_____

3. Lee otra vez Juan 6:1-13. Subraya todo lo que Jesús hizo y dijo en este pasaje. De lo que subrayas, ¿qué te llama más la atención y por qué?

_____

_____

_____

_____

_____

4. Si Jesús estuviera sentado a tu lado en este momento, ¿qué le contarías sobre tu problema? ¿Cómo le pedirías lo que necesitas?

_____

_____

_____

_____

_____

5. Haz una lista de lo que necesitas para resolver tu problema.

_____

_____

_____

_____

_____

¿Crees que Dios puede proveerte estas cosas? ¿Por qué?

_____

_____

_____

_____

La Palabra de Dios para ti

Permite que estos pasajes de las Escrituras te recuerden que él te ayudará a solucionar tus problemas.

> Confía en el SEÑOR de todo corazón,
> y no en tu propia inteligencia.
> Reconócelo en todos tus caminos,
> y él allanará tus sendas.

PROVERBIOS 3:5-6

Tal vez no sepas qué camino seguir, pero el Señor sí sabe. Deja que te dirija.

Pero los que confían en el Señor
renovarán sus fuerzas;
volarán como las águilas:
correrán y no se fatigarán,
caminarán y no se cansarán.

Isaías 40:31

La espera puede parecer imposible, pero también puede traernos renovación y fuerza.

Al que puede hacer muchísimo más que todo lo que podamos imaginarnos o pedir, por el poder que obra eficazmente en nosotros, ¡a él sea la gloria en la iglesia y en Cristo Jesús por todas las generaciones, por los siglos de los siglos! Amén.

Efesios 3:20—21

Dios no está limitado a hacer exactamente lo que le pedimos, ni un poco menos, ni siquiera un poco más. ¡Él puede hacer muchísimo más que todo lo que pidamos!

«¿Quién de ustedes, si su hijo le pide pan, le da una piedra? ¿O si le pide un pescado, le da una serpiente? Pues si ustedes, aun siendo malos, saben dar cosas buenas a sus hijos, ¡cuánto más su Padre que está en el cielo dará cosas buenas a los que le pidan!».

MATEO 7:9-11

Así como no privarías a tu hijo de lo que tiene que comer y beber para vivir, tu Padre no te privará de lo que necesitas.

Lee la siguiente oración, silenciosamente o en voz alta. Cuando termines de orar, mantente en silencio, por un momento, para escuchar la voz de Dios.

Dios, te alabo por lo que eres y por lo que has probado ser en mi vida. Eres fiel, bueno y real. Te preocupas por tus hijos. Te preocupas por los detalles de nuestras vidas. No estás distante. Estás cerca. Mantente cerca de mí hoy, en medio de los problemas que estoy enfrentando. No sé cómo solucionarlos. No tengo dinero, tiempo ni paciencia suficientes, no sé qué hacer. Dame lo que necesito para cada momento. Mi pan diario. Provéeme en formas que no pienso que son posibles. No tengo mucho qué ofrecerte, excepto un corazón sincero, mi confianza en ti y mi esperanza. Te ruego que hagas muchísimo más que todo lo que puedo imaginar o pedir. Gracias por ayudarme a sobrevivir el día de hoy y en los que vendrán. En el nombre de Jesús, amén.

CAPÍTULO 3

Dios te ayudará a vencer tus temores

*E*n términos de lagos famosos, el de Galilea —veintiún kilómetros en su punto más extenso y doce en el más ancho— es un pequeño lago que se las trae. Su tamaño lo hace muy vulnerable a los vientos que soplan desde las Alturas de Golán. Ellos convierten al lago en una batidora, cambiando de pronto, soplando primero en una dirección, luego en otra. Los meses de invierno traen este tipo de tormenta, más o menos cada dos semanas, azotando las aguas dos o tres días por vez.[1]

Cuando Pedro y algunos otros discípulos estaban en medio del lago de Galilea en una noche tormentosa, sabían que estaban en problemas. «Y la barca ya estaba bastante lejos de la tierra, zarandeada por las olas, porque el viento le era contrario» (Mateo 14:24).

Lo que debería haber sido un paseo tranquilo de una hora se convirtió en una lucha de toda una noche. La barca se tambaleaba y se estremecía, como una cometa en el viento primaveral. La luz del sol era un recuerdo distante. Llovía a cántaros. Los rayos cortaban la oscuridad como una espada de plata. Los vientos pegaban tan fuerte contra las velas, que la barca de los discípulos terminó «en medio del mar, azotada por las olas» (RVR1960). ¿Es esta tal vez una descripción apropiada para la etapa de vida en la que te encuentras? Quizás todo lo que tenemos que hacer es sustituir un par de nombres...

En medio de un divorcio, azotado por la culpa.

En medio de muchísimas deudas, azotado por los acreedores.

En medio de una recesión, azotado por paquetes de estímulo y rescates financieros.

Los discípulos lucharon con la tormenta durante nueve horas, pasando frío y empapados hasta los huesos. Y a eso de las cuatro de la mañana, sucedió lo indecible. Vieron que alguien venía caminando sobre el agua. «"¡Es un fantasma!", gritaron de miedo» (v. 26).

No esperaban que Jesús se les acercara de esa manera.

Nosotros tampoco. Esperamos que llegue en forma de un himno sublime, o de un domingo de Pascua o de un retiro espiritual. Esperamos encontrar a Jesús en los devocionales matutinos, en la comunión de la iglesia y en la meditación. No esperamos verlo en un mercado a la baja, en una carta de despido, en una bancarrota o en una guerra. No esperamos verlo en una tormenta. Pero es en estas que hace su mejor trabajo porque en medio de ellas es cuando mejor capta nuestra atención.

Jesús respondió al temor de los discípulos con una invitación que merece inscribirse en las piedras angulares de todas las iglesias y en las entradas de las casas. «"No tengan miedo", dijo. "¡Tengan ánimo! ¡Yo estoy aquí!"» (v. 27 NTV).

Hay poder en esas palabras. Despertar en una unidad de cuidado intensivo y escuchar que tu cónyuge te dice: «Yo estoy aquí». Perder tu retiro y aun así sentir el apoyo de tu familia con las palabras: «Estamos aquí». Cuando un niñito está jugando pelota y de pronto ve a mamá y a papá en las gradas mirando el partido, la frase «Estamos aquí» cambia todo. Quizás por eso Dios repite tan a menudo la promesa «Yo estoy aquí».

> No esperamos ver a Jesús en una tormenta.

El Señor está cerca. (Filipenses 4:5)
Yo estoy en mi Padre, y ustedes en mí, y yo en ustedes. (Juan 14:20)

Estaré con ustedes siempre, hasta el fin del mundo.
  (Mateo 28:20)
Yo les doy vida eterna, y nunca perecerán, ni nadie
  podrá arrebatármelos de la mano. (Juan 10:28)
Y estoy convencido de que nada podrá jamás
  separarnos del amor de Dios. Ni la muerte ni la
  vida, ni ángeles ni demonios, ni nuestros temores
  de hoy ni nuestras preocupaciones de mañana. Ni
  siquiera los poderes del infierno pueden separarnos
  del amor de Dios. (Romanos 8:38 NTV)

No podemos ir adonde Dios no esté. Mira sobre tu hombro; ese es Dios siguiéndote. Mira en la tormenta; ese es Cristo acercándose.

Debemos darle a Pedro el mérito porque le creyó a Jesús. «"Señor, si realmente eres tú, ordena que yo camine también sobre el agua y vaya hasta donde tú estás". Y Jesús le dijo: "¡Ven!". De inmediato Pedro bajó de la barca. Caminó sobre el agua y fue hacia Jesús» (Mateo 14.28-29 TLA).

Pedro no habría hecho esta petición con un mar tranquilo. Si Cristo se hubiera paseado sobre un mar tan liso como un espejo, Pedro habría aplaudido, pero dudo que se hubiera bajado de la barca. Las tormentas nos impulsan a emprender travesías sin precedentes. En algunos pasos históricos y unos momentos que detuvieron su corazón, Pedro hizo lo imposible. Desafió la ley de la gravedad y a la naturaleza, y «caminó sobre el agua y fue hacia Jesús».

Mis editores no habrían tolerado tal brevedad. Habrían llenado el margen con notas en tinta roja: «¡Elabora! ¿Con qué rapidez salió Pedro de la barca? ¿Qué estaban haciendo los otros discípulos? ¿Cuál era la expresión en su rostro? ¿Pisó algún pez?».

> Las tormentas nos impulsan a emprender travesías sin precedentes.

Mateo no tenía tiempo para preguntas como esas. De inmediato pasa al mensaje más importante del suceso: hacia dónde mirar en una tormenta. «Pero al ver el fuerte viento, [Pedro] tuvo miedo; y comenzando a hundirse, dio voces, diciendo: ¡Señor, sálvame!» (v. 30 RVR1960).

Una pared de agua oscureció su campo de visión. Una ráfaga de viento resquebró el mástil y se escuchó el crujido de la madera. Un relámpago iluminó al lago y a las olas que parecían los montes Apalaches. Pedro desvió su atención de Jesús y la dirigió a la tormenta, y cuando lo hizo, se hundió como un ladrillo en un estanque. Préstales más atención a las aguas tormentosas que a aquel que camina en el agua y prepárate para que te pase lo mismo.

No podemos escoger si las tormentas llegan o no. Pero podemos decidir adónde miramos durante la tormenta. Encontré un ejemplo directo de esta verdad mientras esperaba en la oficina de mi cardiólogo. Mi ritmo cardiaco no se estaba comportando nada bien; iba a la velocidad de una carrera de NASCAR y al ritmo de un mensaje en clave morse. Así que fui a un especialista. Después de revisar mis exámenes y de formularme algunas preguntas, el doctor asintió deliberadamente y me pidió que esperara en su oficina.

Cuando era niño, no me gustaba que me enviaran a la oficina del director de la escuela. Como paciente, no me gusta que me envíen a la oficina del doctor. Pero fui, me senté y enseguida noté la enorme cosecha de diplomas del doctor. Estaban por todos lados y eran de todas partes. Un diploma era de la universidad. Otro era por haber completado su residencia.

Cuanto más miraba sus logros, mejor me sentía. *Estoy en buenas manos.* Justo cuando me recostaba en la silla para relajarme, la enfermera entró con una hoja de papel. «El doctor lo verá en unos minutos», me explicó. «Mientras tanto quiere que se familiarice con esta información. Es un resumen de la condición de su corazón».

Bajé la vista de los diplomas al resumen de mi problema. Mientras leía, comenzaron a soplar vientos contrarios. Palabras que no quería escuchar como *fibrilación atrial, arritmia, ataque embólico* y *coágulo de sangre* hicieron que me hundiera en mi propio mar de Galilea.

¿Qué le pasó a mi paz? Hace un momento me sentía mucho mejor. Así que cambié mis estrategias. Contrarresté el diagnóstico con los diplomas. Entre los párrafos con malas noticias, miraba a la pared como un recordatorio de las buenas noticias. Eso es lo que Dios quiere que hagamos.

Su invitación a ser valientes no es un llamado a la ingenuidad ni a la ignorancia. No es que estemos ajenos a los retos abrumadores que trae la vida. Es que debemos contrarrestarlos con una mirada larga y tendida a los logros de Dios. «Por eso es necesario que prestemos más atención a lo que hemos oído, no sea que perdamos el rumbo» (Hebreos 2:1). Haz lo que sea necesario para mantener tu mirada en Jesús.

Pedro aprendió a hacer esto. Después de unos instantes revolcándose en el agua, se dirigió a Jesús y clamó: «Señor, sálvame. Al momento Jesús, extendiendo la mano, asió de él, y le dijo: ¡Hombre de poca fe! ¿Por qué dudaste? Y cuando ellos subieron en la barca, se calmó el viento» (Mateo 14.30-32 RVR1960).

Jesús pudo haber calmado esa tempestad horas antes. Pero no lo hizo. Quería enseñarles una lección a sus seguidores. Jesús pudo haber calmado tu tormenta también hace mucho tiempo. Pero no lo ha hecho. ¿También quiere enseñarte una lección? ¿Crees que la lección podría ser algo como: «Las tormentas no son una opción, pero el temor sí»?

> Haz lo que sea necesario para mantener tu mirada en Jesús.

Dios colgó sus diplomas en el universo. Los arcoíris, los atardeceres, los horizontes y los cielos adornados con estrellas. Registró sus logros en las Escrituras. No estamos hablando de seis mil horas de vuelo. Su currículum incluye que abrió el Mar Rojo, que cerró la boca de los leones, que derrotó a Goliat, que resucitó a Lázaro, que calmó tormentas y que caminó sobre tempestades.

Su lección es clara. Él es el capitán de todas las tormentas. ¿Estás asustado con la tuya? Entonces mantén tu mirada en él.

Reflexión

Dedica algún tiempo a reflexionar en lo que has leído, luego escribe tus pensamientos y respuestas a las siguientes preguntas.

1. ¿En qué mantienes típicamente tu mirada durante los tiempos tormentosos de la vida? ¿En Dios, en otros o en un mecanismo de afrontamiento? ¿Por qué esas cosas captan tu mirada?

_____

_____

_____

_____

_____

_____

2. Imagínate por unos momentos cómo habría sido ser un discípulo en esta historia, en una barca en medio del mar de Galilea, durante una tormenta. ¿Cómo te sentirías? ¿Qué tipo de pensamientos habrías tenido?

_____

_____

_____

_____ _____

Ahora, imagínate que de pronto Jesús se hubiera aparecido en medio de tu temor y de la incertidumbre en la barca. ¿Cómo habrían cambiado tus pensamientos y tus sentimientos?

_____

_____

_____

_____

3. Piensa en la tormenta que estás atravesando en este momento. ¿Cuáles son tus temores en medio de ella? Enuméralos abajo.

_____

_____

_____

_____

_____

¿Qué «diplomas» tiene Dios que le permitirían aliviar esos temores (por ejemplo, fortaleza, perdón o amor)?

_____

_____

_____

_____

_____

La Palabra de Dios para ti

Permite que estos pasajes de las Escrituras te recuerden que Dios te ayudará a superar tus temores.

«Ya te lo he ordenado: ¡Sé fuerte y valiente! ¡No tengas miedo ni te desanimes! Porque el Señor tu Dios te acompañará dondequiera que vayas».

JOSUÉ 1:9

El Señor no solo te quita el miedo, lo reemplaza con fortaleza y valor.

Pero ahora, así dice el SEÑOR,
el que te creó, Jacob,
el que te formó, Israel:
«No temas, que yo te he redimido;
te he llamado por tu nombre; tú eres mío.
Cuando cruces las aguas,
yo estaré contigo;
cuando cruces los ríos,

no te cubrirán sus aguas;
cuando camines por el fuego,
no te quemarás ni te abrasarán las llamas.
Yo soy el Señor, tu Dios».

ISAÍAS 43:1-3

El Señor te ha llamado por tu nombre y eres de él. Permite que esta verdad calme tus temores.

«La paz les dejo; mi paz les doy. Yo no se la doy a ustedes como la da el mundo. No se angustien ni se acobarden».

JUAN 14:27

Estas son las palabras de Cristo. Recibe su paz como un regalo que ya te han ofrecido.

«En esa clase de amor no hay temor, porque el amor perfecto expulsa todo temor».

1 JUAN 4:18 (NTV)

Tu temor no es de Dios ni viene de él. Su amor expulsa el temor.

Lee la siguiente oración, silenciosamente o en voz alta. Cuando termines de orar, mantente en silencio por un momento para escuchar la voz de Dios.

Dios, te doy gracias por recordarme tu poder en este día. Tal como Jesús caminó sobre el agua, así puedes calmar las tormentas a mi alrededor. Siento miedo a menudo, cuando la vida se vuelve tormentosa. No puedo ver la salida. Lo que no puedo controlar me hace sentir vulnerable. Ayúdame a mantener mi mirada en ti hoy. Recuérdame quién eres y de lo que eres capaz. Calma mis temores y reemplázalos con paz. Calma mis pensamientos ansiosos. Ayúdame a amar a las personas que me rodean y a acompañarlas, algo que no es fácil durante un momento difícil. Cada vez que sienta temor o que mis pensamientos están fuera de control, permíteme ver la imagen de Cristo caminando sobre el agua, extendiendo su mano para ayudarme. Que pueda confiar en Cristo más que en mí mismo, más que en otros y más que en lo que tiendo a enfocarme en momentos como este. Te ruego que siempre pueda mantener mi mirada fija en él. Oro en el nombre de Jesús, amén.

CAPÍTULO 4

Dios te ayudará cuando te sientas atascado

*¿T*e has sentido atascado alguna vez? ¿Entre la espada y la pared, sin poder escapar? ¿Atrapado en el lodo del resentimiento, ahogado en las deudas, atollado en un callejón sin salida profesional, hasta la cintura en el pantano de un conflicto sin solución? ¿Atorado? ¿Atascado con padres que no escuchan o empleados que no cambian? ¿Atascado con un jefe severo o una adicción obstinada?

Atascado.

El hombre que estaba junto al estanque de Betesda no usó la palabra *atascado*, pero pudo haberlo hecho. Durante treinta y ocho años, cerca de la orilla del estanque, estaba solo él, con su camilla y su cuerpo paralizado. Y como nadie le ofrecía ayuda, esta nunca llegó.

Estaba seriamente, incuestionablemente, innegablemente atascado.

Después Jesús regresó a Jerusalén para la celebración de uno de los días sagrados de los judíos. Dentro de la ciudad, cerca de la puerta de las Ovejas, se encontraba el estanque de Betesda, que tenía cinco pórticos cubiertos. Una multitud de enfermos —ciegos, cojos, paralíticos— estaban tendidos en los pórticos. Uno de ellos era un hombre que hacía treinta y ocho años que estaba enfermo. (Juan 5:1-5 NTV)

Sin duda era una escena miserable: multitudes de individuos —ciegos, cojos, derrotados, abatidos, uno tras otro— esperando su oportunidad para que los metieran en el estanque donde se agitaban las aguas sanadoras.[1]

El estanque era grande: ciento veinte metros de largo, cincuenta metros de ancho y quince metros de profundidad.[2] Fueron construidos cinco pórticos para proteger del sol a los enfermos. Como soldados heridos en el campo de batalla, los débiles y frágiles se aglomeraban junto al estanque.

Todavía hoy vemos esas escenas. Los refugiados desnutridos en los campos de Siria. Los enfermos sin tratar en las calles de Bangladesh. Los huérfanos que pasan inadvertidos en China. Indigentes abandonados, inmigrantes no deseados... se siguen reuniendo. En el Parque Central. En el Hospital Metropolitano. En el restaurante de la esquina. Es cualquier grupo de masas amontonadas que se caracteriza por el dolor y el sufrimiento.

¿Puedes visualizarlos?

Y, más importante aún, ¿puedes imaginarte a Jesús caminando entre ellos?

Todas las historias de ayuda y sanidad en los evangelios nos invitan a acoger la maravillosa promesa: «Jesús recorría todos los pueblos... sanando toda enfermedad y toda dolencia. Al ver a las multitudes, tuvo compasión de ellas, porque estaban agobiadas y desamparadas, como ovejas sin pastor» (Mateo 9:35-36).

A Jesús lo atraía la gente que sufría y aquel día, en particular, lo atrajo el estanque de Betesda. ¿Qué emociones sintió al escudriñar aquella aglomeración de adversidad? ¿Qué pensaba mientras escuchaba sus peticiones? ¿Le tocaron el manto mientras caminaba entre ellos? ¿Los miraba a los ojos? Era una escena triste, lastimosa. Sin embargo, Jesús caminó en medio de aquello.

Sus ojos se posaron sobre el personaje principal de este milagro, un hombre que «hacía treinta y ocho años que estaba enfermo. Cuando Jesús lo vio y supo que hacía tanto que padecía la enfermedad, le preguntó: "¿Te gustaría recuperar la salud?". "Es que no puedo, señor", contestó el enfermo, "porque no tengo a nadie que me meta en el estanque cuando se agita el agua. Siempre alguien llega antes que yo"» (Juan 5:5-7 NTV).

Qué extraña pregunta para hacerle a una persona enferma: ¿Te gustaría recuperar la salud?

He visitado enfermos desde 1977. Mi primera tarea ministerial fue una práctica pastoral que incluía rondas periódicas en diversos hospitales en St. Louis, Missouri. Desde aquellos días, he hablado con cientos, quizás miles, de enfermos: en iglesias, hospitales, hogares para ancianos y unidades para pacientes terminales. He orado por migrañas y sarampión. He ungido con aceite, asido las manos de moribundos, susurrado oraciones, levantado mi voz, me he arrodillado al lado de camas, he leído la Biblia y apoyado a familias preocupadas. Pero nunca jamás —ni una sola vez— le he preguntado a un enfermo: «¿Te gustaría recuperar la salud?».

> «¿Te gustaría recuperar la salud?».

¿Por qué haría Jesús una pregunta como esa? Nuestra única pista es la frase «Jesús lo vio y supo que hacía tanto que padecía la enfermedad» (v. 6 NTV). El hombre estaba a solo dos años de cuatro décadas como inválido. Treinta y ocho años... casi el mismo tiempo que los hebreos vagaron en el desierto. Fue la duración de la enfermedad lo que llevó a Cristo a preguntar: «¿Te gustaría recuperar la salud?».

¿Qué tono usó Jesús? ¿Fue el de un pastor compasivo? ¿Hizo la pregunta con una voz trémula y tierna? Quizás. Pero lo dudo. La frase «cuando Jesús [...] supo que hacía tanto que padecía la enfermedad» me hace pensar de otro modo. Y la respuesta del hombre me convence.

«Es que no puedo, señor —contestó el enfermo—, porque no tengo a nadie que me meta en el estanque cuando se agita el agua. Siempre alguien llega antes que yo». (v. 7 NTV)

¿En serio? ¿Nadie puede ayudarte? ¿Alguien siempre llega antes que tú? ¿En treinta y ocho años no pudiste acercarte ni a un centímetro del estanque? ¿Ni persuadir a alguien para que te ayudara? ¿Treinta y ocho años, y absolutamente ningún progreso?

En ese contexto, la pregunta de Cristo cobra un tono firme: ¿Te gustaría recuperar la salud? ¿O te gusta estar enfermo? Te va de lo más bien aquí. Tu tarro recolecta suficientes monedas para comprar los frijoles y la tocineta. No está mal. Además, la sanidad alteraría las cosas. Estar sano significa levantarte, buscar trabajo y tener que trabajar. Vivir la vida. ¿Quieres realmente que te sane?

> Estar sano significa levantarte, buscar trabajo y tener que trabajar.

Esa fue la pregunta que Cristo hizo entonces. Es la pregunta que Cristo nos hace a todos.

¿Quieres ser una persona... sobria? ¿Solvente? ¿Educada? ¿Mejor? ¿Quieres estar en forma? ¿Dejar atrás tu pasado? ¿Superar tu crianza? ¿Quieres ser más fuerte, saludable, feliz? ¿Quieres ver a Betesda solo en el retrovisor? ¿Estás listo para un día nuevo, para una manera nueva? ¿Estás listo para desatascarte?

¡Ah! Ahí está. Esa es la palabra. Es el descriptor.

Desatascado.

Desatorado.

Suelto.

Liberado.

Destrabado.

Sin cadenas.

Desatascado.

La vida se siente atascada cuando no progresa. Cuando batallas contra el mismo desaliento que enfrentabas hace una década atrás o luchas con los mismos miedos que enfrentabas hace un año. Cuando te levantas con los mismos complejos y costumbres. Cuando Betesda se convierte en una dirección postal permanente. Cuando sientes como si todo el mundo llegara al estanque antes que tú y nadie quiere ayudarte.

Si ese eres tú, entonces presta atención a la promesa de este milagro. Jesús te ve. ¿Ese Betesda de tu vida? Otros te evitan por causa de él. Jesús camina hacia ti en medio de él. Él tiene una versión nueva de ti que está esperando para aparecer. Y te dice lo mismo que le dijo a aquel hombre: «¡Ponte de pie, toma tu camilla y anda!» (Juan 5:8 NTV).

Ponte de pie. Haz algo. Actúa. Escribe una carta. Solicita el trabajo. Habla con un consejero. Busca ayuda. Haz algo radical. Ponte de pie.

Toma tu camilla. Rompe del todo con el pasado. Limpia el gabinete de los licores. Bota las novelas llenas de porquería. Deja de andar con mala compañía. Deja al novio como si fuera un mal hábito. Pon filtros para pornografía en tu teléfono y tu computadora. Habla con un consejero financiero.

Y anda. Amárrate las botas y emprende el camino. Supón que algo bueno va a ocurrir. Fija tu mirada en un nuevo destino y comienza la caminata. Desatascarse significa emocionarte porque saldrás de esta.

Presta atención a la invitación de este milagro: cree en el Jesús que cree en ti. Él cree que puedes levantarte, comenzar y seguir adelante. Eres más fuerte de lo que piensas. «Porque yo sé muy bien los planes que tengo para ustedes —afirma el Señor—, planes de bienestar y no de calamidad, a fin de darles un futuro y una esperanza» (Jeremías 29:11).

¿Qué hará Dios por ti? No puedo decirte. Los que reclaman que pueden predecir el milagro no son sinceros. La ayuda de Dios, aunque siempre está presente, siempre es específica. No nos corresponde decir lo que Dios hará. Nuestra tarea es creer que hará algo. Simplemente depende de nosotros ponernos de pie, tomar nuestra camilla y andar.

Jesús toma esta orden en serio. Cuando encontró al hombre recién sanado en el templo, le dijo: «Mira, ya has quedado sano. No vuelvas a pecar, no sea que te ocurra algo peor» (Juan 5:14). ¡Dejarse enredar en la inercia es pecado! Quedarse estancado, sin hacer nada, se considera una seria ofensa.

No más Betesda para ti. No más levantarte por la mañana y acostarte en la noche en el mismo lío. Dios desmanteló el neutro de tu transmisión. Él es el Dios que se mueve hacia delante, el Dios de mañana. Y está listo para escribir un nuevo capítulo en tu biografía.

El hombre de la historia de Juan esperó treinta y ocho años, pero —bendito sea Dios— no quiso esperar ni un día más. Podía hacerlo. Para ser sincero, yo pensaba que lo haría. Mientras leía su excusa,

> Cree en el Jesús que cree en ti.

pensé que se quedaría atascado para siempre. Pero algo sobre la presencia de Cristo, la pregunta de Cristo y la orden de Cristo lo convenció de que no esperara otro día.

Unámonos a él. Pregúntale al Señor: ¿Qué puedo hacer este día que me lleve en la dirección de un mejor mañana? Sigue preguntando hasta que escuches la respuesta. Y una vez que la escuches, hazlo. Ponte de pie, toma tu camilla y anda.

Reflexión

Dedica algún tiempo a reflexionar en lo que has leído, luego escribe tus pensamientos y tus respuestas a las siguientes preguntas.

1. Escribe cualquier pensamiento que tengas sobre la historia del hombre en el estanque de Betesda. ¿Te causa alguna tensión ese texto? ¿Preguntas? ¿Alguna inspiración o convicción?

_____

_____

_____

_____

_____

_____

_____

2. ¿En qué área de tu vida te sientes atascado? ¿Por qué?
¿Desde cuándo te has sentido atascado ahí?

_____

_____

_____

_____

_____

Responde a la pregunta que Jesús le hizo al hombre
en el estanque de Betesda: «¿Te gustaría recuperar la
salud?». ¿Por qué?

_____

_____

_____

_____

_____

3. Medita en un momento en el que te sentiste atascado. ¿Qué hizo que te desatascaras?

_____

_____

_____

_____

_____

¿Cómo podrías aplicar la misma estrategia a la circunstancia que escribiste en la segunda pregunta?

_____

_____

_____

_____

_____

_____

La Palabra de Dios para ti

Permite que estos pasajes de las Escrituras te recuerden que Dios te ayudará si estás atascado.

> «Olviden las cosas de antaño;
> ya no vivan en el pasado.
> ¡Voy a hacer algo nuevo!
> Ya está sucediendo, ¿no se dan cuenta?
> Estoy abriendo un camino en el desierto,
> y ríos en lugares desolados».
>
> ISAÍAS 43:18-19

La imaginación de Dios es maravillosa, mucho más que la nuestra. Él puede hacer algo nuevo de lo viejo.

Despojémonos del lastre que nos estorba, en especial del pecado que nos asedia, y corramos con perseverancia la carrera que tenemos por delante. Fijemos la mirada en Jesús, el iniciador y perfeccionador de nuestra fe, quien, por el gozo que le esperaba, soportó la cruz, menospreciando la vergüenza que ella significaba, y ahora está sentado a la derecha del trono de Dios.

HEBREOS 12:1-2

A veces, para poder desatascarnos, se requiere que actuemos. ¡Despójate del peso del pecado y corre!

«Pidan, y Dios les dará; busquen, y encontrarán; llamen a la puerta, y se les abrirá. Porque el que pide, recibe; y el que busca, encuentra; y al que llama a la puerta, se le abre».

MATEO 7:7-8 DHH

¿Te gustaría recuperar la salud? Simplemente pídeselo a Dios.

Lee la siguiente oración, silenciosamente o en voz alta. Cuando termines de orar, mantente en silencio por un momento para escuchar la voz de Dios.

Padre, gracias por darnos tu Palabra para protegernos, enseñarnos y convencernos. Confieso que he sido como el hombre del estanque de Betesda. No he querido la sanidad. He preferido quedarme atascado porque me da miedo pensar en cómo luciría esa sanidad y lo que implicaría no solo para mí, sino también para mi familia y mis amistades. Perdóname por rechazarla y prepara mi corazón para recibirla. Después de todo, no quiero quedarme atascado para siempre, pero necesito ayuda para salir de esto. Dame la fuerza para pedir ayuda y dar los pasos necesarios hacia la libertad. Ayúdame a confiar en ti durante el proceso. Rodéame con una comunidad donde me sienta seguro y amado, mientras ando en esta travesía. Gracias por preocuparte por mí y, sobre todo, por salvarme. Oro en el nombre de tu Hijo, Jesucristo, amén.

CAPÍTULO 5

Dios te ayudará cuando te sientas solo

*E*stoy observando a una familia de ardillas de cola negra. Debería estar trabajando en un mensaje de Navidad, pero no puedo concentrarme. Parece que están decididas a entretenerme. Se escabullen entre las raíces del árbol al norte de mi oficina. Hemos sido vecinos durante tres años. Ellas me ven pulsar el teclado. Yo las veo almacenar sus nueces y trepar el tronco. Nos divertimos mutuamente. Puedo pasar el día mirándolas. A veces lo hago.

Sin embargo, nunca he pensado en convertirme en ardilla. Su mundo no me atrae. ¿Quién desea dormir al lado de un peludo roedor con ojos redondos y brillantes? (Denalyn, sin comentarios, por favor). ¿Cambiar las Montañas Rocosas, la pesca de róbalo, las bodas y la risa por un hoyo en la tierra y una dieta de avellanas sucias? No cuenten conmigo.

Pero cuenta con Jesús. ¡Qué clase de mundo dejó! Nuestra mansión más elegante sería para él como el tronco de un árbol. El plato más exquisito en la tierra sería como servir nueces en la mesa del cielo. ¿Y la idea de convertirse en una ardilla con garras, dientes diminutos y cola peluda? Eso no es nada al compararlo con un Dios que se convirtió en embrión y entró en el vientre de María.

Sin embargo, eso es lo que él hizo. El Dios del universo nació en la pobreza de un campesino y pasó su primera noche en el abrevadero de una vaca. «Aquel Verbo fue hecho carne, y habitó entre nosotros» (Juan 1:14 RVR1960). El Dios del universo dejó la gloria del cielo y se mudó al vecindario.

¡A nuestro vecindario! ¡Quién habría imaginado que hiciera tal cosa!

> El Dios del universo dejó la gloria del cielo y se mudó al vecindario.

Cuando Dios vino a la tierra, aseguró nuestra salvación, nos aseguró la gracia, nos aseguró la esperanza y nos aseguró algo más... que nunca estaríamos solos otra vez.

Es posible que te sientas solo en este día. Tal vez te hayas sentido así por semanas o hasta por meses. No podemos evitar la soledad. Es común a toda experiencia humana. Eres la persona nueva en la ciudad o tu mejor amiga se muda lejos o, por alguna razón, en este momento es difícil establecer un sentido de comunidad.

Pero en Cristo, Dios siempre está cerca. A él le encanta estar con la gente a la que ama, tanto así que aquel que creó todo «se despojó a sí mismo» (Filipenses 2:7 RVR1960). Cristo se hizo pequeño. Se hizo dependiente de unos pulmones, una laringe y un par de piernas. Sintió hambre y sed. Pasó por todas las etapas de desarrollo normales de un ser humano. Le enseñaron a caminar, a pararse, a lavarse la cara y a vestirse solo. Sus músculos se fortalecieron; su cabello creció cada vez más largo. Su voz se hizo un poco más ronca cuando pasó por la pubertad. Era un ser humano genuino.

Cuando Jesús «se regocijó» (Lucas 10:21 RVR1960), su alegría era legítima. Cuando lloró por Jerusalén (Lucas 19:41), sus lágrimas eran tan reales como las tuyas y las mías. Cuando preguntó: «¿Hasta cuándo tendré que soportarlos?» (Mateo 17:17 NTV), su frustración era sincera. Cuando clamó desde la cruz: «Dios mío, Dios mío, ¿por qué me has desamparado?» (Mateo 27:46 RVR1960), necesitaba una respuesta.

Él «tomó naturaleza de siervo» (Filipenses 2:7 DHH). ¡Él se hizo como nosotros para poder servirnos! Vino al mundo, no para exigir nuestra lealtad sino, para mostrarnos su amor.

Es posible que Jesús haya tenido acné. Tal vez no haya tenido un oído musical. Quizás le haya gustado a alguna muchacha en su calle o viceversa. Es posible que haya tenido rodillas huesudas. Una cosa es segura: aun cuando era completamente divino, también era completamente humano.

¿Por qué? ¿Por qué se expuso Jesús a las dificultades humanas? Vemos que se cansó en Samaria (Juan 4:6). Se asombró en Nazaret (Marcos 6:6). Se enojó en el templo (Juan 2:15). Se quedó dormido en el bote, en el mar de Galilea (Marcos 4:38). Se entristeció ante la tumba de Lázaro (Juan 11:35). Sintió hambre en el desierto (Mateo 4:2).

¿Por qué soportó todos esos sentimientos? Porque sabía que tú también los sentirías. Él sabía que te cansarías, te asombrarías, te sentirías solo y te enojarías.

Él sabía que te daría sueño, que te afectaría el pesar y que te daría hambre. Sabía que tendrías que enfrentar el dolor. Si no el dolor del cuerpo, entonces el dolor del alma... un dolor demasiado intenso para cualquier droga. Sabía que estarías sediento. Si no sed de agua, al menos sed por la verdad, y la verdad que percibimos de la imagen de Cristo es que él entiende.

Saber que alguien nos entiende cuando nos sentimos solos, puede marcar toda la diferencia. Puedes estar rodeado de personas y aun así sentirte solo si no te sientes reconocido. Y, puedes estar solo sin sentirte así cuando eres reconocido. Dios se hizo carne para que nos sintiéramos reconocidos por él siempre.

Considera algunas de las cualidades de Jesús:

Nacido de una madre.
Familiarizado con el dolor físico.
Disfruta de una buena fiesta.
Rechazado por sus amigos.
Acusado injustamente.
Le encantan las historias.
Paga impuestos de mala gana.
Canta.
Asqueado por la religión codiciosa.
Siente lástima por las personas solas.
Poco apreciado por sus hermanos.
Defiende al que lleva las de perder.
Las preocupaciones lo mantienen despierto en las
*   noches.*

Famoso por quedarse dormido mientras viaja.
Acusado de ser muy revoltoso.
Le teme a la muerte.

Podría estar describiendo a Jesús o a ti, ¿cierto?

Basándonos en esta lista, parece que tú y yo tenemos mucho en común con Jesús.

¿Es importante? Me parece que sí.

Jesús te entiende. Él entiende el anonimato del pueblo pequeño y la presión de la gran ciudad. Ha caminado en pastos de ovejas y palacios de reyes. Ha enfrentado hambre, aflicción y muerte, y quiere enfrentarlos contigo. Jesús «comprende nuestras debilidades, porque enfrentó todas y cada una de las pruebas que enfrentamos nosotros, sin embargo, nunca pecó» (Hebreos 4:15 NTV).

> Si Jesús entiende nuestras debilidades, Dios también las entiende.

Si Jesús entiende nuestras debilidades, Dios también las entiende. Jesús era Dios en forma humana. Era Dios con nosotros. Por eso llamamos Emanuel a Jesús.

Emanuel aparece en la misma forma hebrea de hace dos mil

años. *Emanu* significa «con nosotros». *El* se refiere a *Elohim* o Dios. Así que Emanuel no es un «Dios por encima de nosotros» ni un «Dios por ahí cerca». Él vino como el «Dios con nosotros». No «Dios con los ricos» ni «Dios con los religiosos». Sino, Dios con *nosotros*. Todos nosotros. Rusos, alemanes, budistas, mormones, camioneros, taxistas, bibliotecarios. Dios con *nosotros*.

Nos encanta la palabra *con*, ¿cierto? Especialmente, cuando nos sentimos solos. «¿Vendrías *con*migo a la tienda, al hospital, a recorrer la vida?», le preguntamos. Dios dice que lo hará. Antes de ascender al cielo, Jesús declaró: «Les aseguro que estaré *con* ustedes siempre, hasta el fin del mundo» (Mateo 28:20). Busca restricciones en la promesa y no encontrarás ninguna. No encontrarás «estaré con ustedes si se comportan bien... cuando crean. Estaré con ustedes los domingos en la adoración... en la misa». No, nada de eso. No existe condición obligatoria en la promesa «con» de Dios. Él está *con* nosotros.

Dios está con nosotros.

Los profetas no fueron suficientes. Los apóstoles no bastaron. Tampoco los ángeles. Dios envió algo más que milagros y mensajes. Se envió a sí mismo; envió a su

Hijo. «Y el Verbo se hizo hombre y habitó entre nosotros» (Juan 1:14).

Y debido a que Jesús entiende, podemos acercarnos a él.

¿Acaso su falta de entendimiento no nos habría mantenido lejos de él? ¿No nos alejamos de las personas cuando no las entendemos? Supongamos que estuvieras desanimado a causa de tu situación financiera y necesitaras el consejo de un amigo solidario. ¿Buscarías la ayuda del hijo de un multimillonario? (Recuerda, estás buscando consejos, no una limosna). ¿Acudirías a alguien que haya heredado una fortuna? Probablemente no. ¿Por qué? Porque no entendería. Lo más seguro es que nunca ha estado en tu situación y, por lo tanto, no puede identificarse con la forma en que te sientes.

Sin embargo, Jesús sí ha pasado por eso y puede identificarse. Él ha estado donde tú estás y puede identificarse con tus sentimientos. Y si su vida en la tierra no logra convencerte, su muerte en la cruz debería hacerlo. Él entiende por

> Dios envió algo más que milagros y mensajes. Se envió a sí mismo; envió a su Hijo.

lo que estás pasando. Nuestro Señor no es negligente con nosotros ni se burla de nuestras necesidades. Él responde «generosamente sin menospreciar a nadie» (Santiago 1:5). ¿Cómo lo hace? Nadie lo explicó más claramente que el autor de Hebreos.

> [Jesús] comprende nuestras debilidades, porque enfrentó todas y cada una de las pruebas que enfrentamos nosotros, sin embargo, él nunca pecó. Así que acerquémonos con toda confianza al trono de la gracia de nuestro Dios. Allí recibiremos su misericordia y encontraremos la gracia que nos ayudará cuando más la necesitemos. (Hebreos 4:15-16 NTV)

Durante treinta y tres años, él sintió todo lo que tú y yo hemos sentido. Se sintió débil. Se cansó. Sintió miedo a fracasar. Estuvo expuesto al galanteo de mujeres. Tuvo resfriados, eructó y olió a sudor. Le hirieron los sentimientos. Los pies se le cansaron. Y le dolió la cabeza.

Pensar en Jesús de esta manera es... bueno, parece casi irreverente, ¿cierto? No es algo que nos guste hacer; es incómodo. Es mucho más fácil mantener la humanidad fuera de la encarnación. Mejor es limpiar el estiércol de los alrededores del pesebre. Secar el sudor de sus ojos. Fingir que nunca roncó ni se sopló la nariz ni se golpeó el pulgar con un martillo.

Es más fácil manejarlo de esa manera. Hay algo en mantenerlo divino que también lo mantiene distante, envasado, predecible.

Pero no hagas eso. Por el amor de Dios, no lo hagas. Déjalo ser tan humano como siempre quiso. Déjalo que entre en el fango y en la suciedad de nuestro mundo, porque solo si lo dejamos entrar, él puede sacarnos.

Reflexión

Dedica algún tiempo a reflexionar en lo que has leído, luego escribe tus pensamientos y respuestas a las siguientes preguntas.

1. Describe un momento en el que te sentiste solo. Podría ser ahora o en el pasado. ¿Qué provocó que te sintieras así? ¿Qué fue lo más difícil de sentirte solo?

_____

_____

_____

_____

_____

2. ¿Qué significa la palabra Emanuel y por qué es importante que la entendamos?

_____

_____

_____

_____

_____

3. ¿Has pensado alguna vez en acercarte a Jesús en medio de tu soledad? Sí o no. ¿Por qué?

_____

_____

_____

4. ¿Cómo podría ayudarte, la promesa de Emanuel, a sentirte menos solo en este momento?

_____

_____

_____

La Palabra de Dios para ti

Permite que estos pasajes de las Escrituras te recuerden que Dios te ayudará cuando te sientas solo.

«Y les aseguro que estaré con ustedes siempre, hasta el fin del mundo».

Mateo 28:20

Fíjate en que enfatiza Jesús esta promesa al usar las palabras les aseguro.

> Aunque ande en valle de sombra de muerte,
> No temeré mal alguno, porque tú estarás conmigo;
> Tu vara y tu cayado me infundirán aliento.

Salmos 23:4 rvr1960

La presencia de Dios nos quita el miedo y nos reconforta el alma.

«Y yo le pediré al Padre, y él les dará otro Consolador para que los acompañe siempre: el Espíritu de verdad»

Juan 14:16-17

Nuestro abogado es el Espíritu Santo... nuestro Consolador que siempre está con nosotros, así que nunca estamos solos.

Lee la siguiente oración, silenciosamente o en voz alta. Cuando termines de orar, mantente en silencio por un momento para escuchar la voz de Dios.

Padre celestial, necesito la promesa de Emanuel en este día. Necesito la certeza de que estás conmigo. A veces me siento solo. Siento que no tengo amigos. Siento que mi familia no me entiende. Siento que no tengo a nadie a quién recurrir. En esos momentos, recuérdame que puedo acudir a ti y a tu hijo, Jesús, que vino a la tierra porque quería estar cerca de nosotros. En Cristo, sé que siempre estás cerca. Nunca te alejas. Cuando estoy completamente solo, puedo clamar a ti y me escuchas porque siempre estás cerca. Y gracias a Jesús, también me entiendes. Gracias por el consuelo que tengo en esa promesa. En el nombre de Jesús, amén.

CAPÍTULO 6

Dios te ayudará en tu vida cotidiana

*J*esús estaba en una boda con sus discípulos y su mamá, María, cuando ella se le acercó con un problema extraño y que parecía irrelevante. Le dijo: «Ya no tienen vino» (Juan 2:3).

Si yo hubiera sido el ángel de guardia aquel día, habría intervenido. Hubiera puesto un ala entre María y Jesús, y le habría recordado la misión de su Hijo. «A él no lo enviaron al mundo para atender tareas tan cotidianas y rutinarias. Estamos guardando sus poderes milagrosos para que resucite cadáveres, toque leprosos y eche fuera demonios. ¿Se acabó el vino? No vengas donde Jesús para eso».

Sin embargo, yo no era el ángel de guardia. Y María solicitó ayuda a su Hijo para tratar con el problema: tinajas de vino vacías. Los palestinos del primer siglo sí sabían cómo montar una fiesta. Nada de celebrar la ceremonia de boda y la recepción en una noche, no señor. Las bodas podían durar hasta siete días. Se esperaba que la comida y el vino duraran el mismo tiempo. Por eso María se preocupó cuando vio a los sirvientes raspando el fondo de las tinajas de vino.

Culpa al coordinador de bodas por la pobre planificación. Culpa a los invitados por consumir más de lo que debían. Culpa a Jesús por aparecerse con una tropa de discípulos sedientos. No nos dicen la razón de la escasez. Pero sí nos dicen cómo fue repuesta. María presentó el problema. Cristo estaba reacio. María no insistió. Jesús reconsideró. Dio la orden. Los sirvientes obedecieron y le ofrecieron al encargado del banquete lo que ellos podrían haber asegurado que era agua. Él tomó un sorbo, lamió sus labios, alzó la copa contra la luz y dijo algo sobre haber estado escondiendo el mejor vino para los brindis de despedida. Los sirvientes lo escoltaron hasta el otro lado del salón para que viera las seis tinajas llenas hasta el borde con el fruto de la vid. La boda sin vino de repente era la boda con vino a granel. María le sonrió a su Hijo. Jesús levantó una copa hacia su madre, y nos dejan con este mensaje: nuestros recursos decrecientes, no importa lo insignificantes que sean, son importantes para el cielo.

Tengo un testimonio curioso relacionado con esta verdad. Durante una de las muchas etapas en mi vida carentes de cordura, competí en triatlones *Ironman*. La actividad consiste en nadar dos kilómetros, rodar noventa kilómetros en bicicleta y correr veintiún kilómetros. ¿Por qué un predicador de cincuenta años se empeñaba en participar en algo así? Eso es precisamente lo que mi esposa no dejaba de preguntarme. (No te preocupes. No usé un *Speedo*).

Durante una de esas carreras, hice una de las oraciones más extrañas de mi vida. Cuatro de nosotros viajamos a Florida para la carrera. Uno de mis amigos había invitado a un competidor de Indiana a unírsenos. En resumidas cuentas, conocía a esos tres participantes. Había por lo menos doscientas personas que no conocía, un detalle que resultó crucial para mi historia.

Terminé de nadar, si no en el último lugar, por lo menos casi muerto y casi último. Monté mi bicicleta y comencé la travesía de tres horas. A casi un tercio del tramo en bicicleta, metí la mano en el bolsillo de mi camisa para buscar un GU. El GU es un paquete de nutrientes esenciales fácil de comer. Bien, ¿adivina a quién se le olvidó su GU? De pronto, estaba rodando sin GU y tenía cuarenta y ocho kilómetros por delante. En la ruta de un triatlón no encuentras ninguna tienda que venda GU.

Así que oré. Entre jadeos y pedaleos, dije: «Señor, quizás esta sea la única vez en la eternidad que has escuchado esta petición.

Pero, esta es mi situación...».

¿Cayó GU del cielo? Bueno, algo así. El muchacho de Indiana, el amigo de mi amigo, una de las tres personas que conocía entre todos los participantes, apareció en su bicicleta «por casualidad», justo detrás de mí.

«Eh, Max, ¿cómo te va?», me preguntó.

«Bueno, tengo un problema».

Cuando le dije que no tenía GU, buscó en el bolsillo de su camisa de ciclismo, sacó tres paquetes y me dijo: «¡Tengo un montón!». Me los entregó y se fue.

Es muy posible que estés pensando: *Lucado, eso es un ejemplo patético de una oración contestada. Yo estoy enfrentando enfermedad, deudas, amenaza de despido y decepciones, ¿y tú estás hablando de algo tan insignificante como GU en una carrera?*

Ese es precisamente mi punto.

De hecho, creo que es el punto de Jesús. ¿Qué tiene de importante una boda sin vino? Entre todas las necesidades de los seres humanos en el planeta, ¿por qué preocuparse por unas tinajas secas? Sencillo. A Jesús le preocupaba porque a María le preocupaba. Si Jesús estuvo dispuesto a usar su influencia divina para resolver una metida de pata social, ¿cuánto más estará dispuesto a intervenir en los asuntos con mayor peso de la vida?

Él quiere que sepas que puedes traer tus necesidades —todas tus necesidades— ante él. «No se aflijan por nada, sino presténselo *todo* a Dios en oración; pídanle, y denle gracias también» (Filipenses 4:6 DHH).

En todo —no solo en las cosas grandes— presenta tus peticiones.

María modeló eso. Le presentó su necesidad a Cristo. «Ya no tienen vino». Sin fanfarria. Sin drama. Ella conocía el problema. Conocía al proveedor. Conectó lo primero con lo segundo.

Así que dime: ¿has preguntado? ¿Has convertido tu déficit en oración? Jesús elaborará una respuesta a la medida de tu necesidad exacta. Él no es un cocinero de comidas rápidas. Es un chef consumado que prepara bendiciones únicas para situaciones exclusivas. Cuando una multitud se acercó a Cristo buscando sanidad: «Él puso las manos sobre *cada uno* de ellos y los sanó» (Lucas 4:40, énfasis mío).

Si Jesús hubiera querido, habría declarado que una nube de bendiciones sanadoras arropara a la multitud. Pero él no es un Salvador con un método general para todos. Él puso sus manos sobre cada uno, individualmente, personalmente. Como percibió necesidades únicas, emitió bendiciones únicas.

La oración precisa le da la oportunidad a Cristo de eliminar cualquier duda sobre su amor e interés. Tu problema se convierte en su senda. El reto que enfrentas se transforma en el lienzo donde Cristo puede exhibir su obra más excelente. Así que, eleva una oración sencilla y confíale el problema a Cristo.

Todos sabemos lo que es orar solo para recibir silencio como respuesta. Es importante notar en este milagro que, al principio, Jesús no estaba muy receptivo: «Mujer, ¿eso qué tiene que ver conmigo? [...] Todavía no ha llegado mi hora» (Juan 2:4).

Tú has escuchado lo mismo. En tu versión personal del versículo tres, explicaste tu escasez: se acabó el vino, el tiempo, la energía o la visión. La luz de la reserva se encendió; el tanque estaba vacío; la cuenta bancaria tenía un saldo negativo. Presentaste tu caso en el versículo tres.

Y entonces llegaste al versículo cuatro. Silencio. Algo así como una biblioteca a medianoche. La respuesta no llegó. Nadie hizo el depósito que cubriría el sobregiro. Cuando no llega la respuesta, ¿qué dice tu versículo cinco? «Entonces María les dijo a los sirvientes: "Hagan todo lo que Jesús les diga"» (Juan 2:5 TLA). ¿Traducción? «Jesús tiene el control. Yo no». «Él gobierna el mundo. Yo no». «Él ve el futuro. Yo no puedo». «Confío en Jesús. Todo lo que te diga que hagas, hazlo».

Algo en la fe explícita de María provocó que Jesús cambiara su plan.

> Había allí seis tinajas de piedra, de las que usan los judíos en sus ceremonias de purificación. En cada una cabían unos cien litros. Jesús dijo a los sirvientes: «Llenen de agua las tinajas». Y los sirvientes las llenaron hasta el borde. «Ahora saquen un poco y llévenlo al encargado del banquete», les dijo Jesús. Así lo hicieron. (vv. 6-8)

Seis tinajas de agua producirían suficiente vino para —prepárate— ¡756 botellas de vino![1] Napa nunca conoció una cosecha como esa.

El encargado del banquete probó el agua convertida en vino sin saber de dónde había salido, aunque sí lo sabían los sirvientes que habían sacado el agua. Entonces llamó aparte al novio y le dijo: «Todos sirven primero el mejor vino y, cuando los invitados ya han bebido mucho, entonces sirven el más barato; pero tú has guardado el mejor vino hasta ahora». (vv. 9-10)

El milagro de Cristo resultó no simplemente en abundancia de vino, sino en abundancia de buen vino. Un vino de cocina hubiera sido suficiente. Un añejo de una tienda cualquiera hubiera cumplido con las expectativas de los invitados. Un sorbo modesto con un pedazo de pizza un martes por la noche hubiera sido suficiente para María. Pero no lo era para Jesús. Algo poderoso ocurre cuando le presentamos nuestras necesidades y confiamos en que él hará lo correcto: él «puede hacer muchísimo más que todo lo que podamos imaginarnos o pedir» (Efesios 3:20).

Simplemente nos toca a nosotros creer... creer que Jesús es rey de toda y cada situación. Así que, presenta tu petición específica y confía en que él hará, no lo que tú quieres, sino lo que es mejor. Antes de darte cuenta, estarás brindando en honor de aquel que escucha tus peticiones.

Reflexión

Dedica algún tiempo a reflexionar en lo que has leído, luego escribe tus pensamientos y respuestas a las siguientes preguntas.

1. Si hubieras sido un invitado en la boda de Caná, ¿qué habrías pensado sobre la petición de María a Jesús? ¿Por qué?

_____

_____

_____

_____

_____

Cuando piensas en los otros milagros que Jesús realizó durante su ministerio, como el de restaurar la vista a un ciego o el de resucitar a una niña muerta, ¿cómo crees que se compara este milagro? ¿Por qué crees que está registrado en los evangelios?

_____

_____

_____

_____

2. ¿Cuál es la oración más «pequeña» que jamás hayas hecho; una oración por algo aparentemente insignificante? ¿Recibiste una respuesta? Si fue así, ¿cómo? En caso contrario, ¿cómo respondiste al silencio de Dios?

_____

_____

_____

_____

¿Crees que «nuestros recursos decrecientes, no importa
lo insignificantes que sean, son importantes para el
cielo»? Sí o no. ¿Por qué?

_____

_____

_____

_____

_____

3. Usa el espacio a continuación para hacer una lista de
   algunas cosas ordinarias y cotidianas que te producen
   ansiedad o por las que necesitas orar.

_____

_____

_____

_____

_____

¿Qué te parece si le presentas esta lista a Dios en oración?

_____

_____

_____

_____

_____

La Palabra de Dios para ti

Permite que estos pasajes de las Escrituras te recuerden que Dios te ayudará en tu vida cotidiana.

«Así que no se preocupen diciendo: "¿Qué comeremos?" o "¿Qué beberemos?" o "¿Con qué nos vestiremos?". Los paganos andan tras todas estas cosas, pero el Padre celestial sabe que ustedes las necesitan. Más bien, busquen primeramente el reino de Dios y su justicia, y todas estas cosas les serán añadidas. Por lo tanto, no se angustien por el mañana, el cual tendrá sus propios afanes. Cada día tiene ya sus problemas».

MATEO 6:31-34

Dios sabe lo que necesitas para cada día y te lo proveerá.

> Pon toda tu confianza en Dios
> y no en lo mucho que sabes.
> Toma en cuenta a Dios
> en todas tus acciones,
> y él te ayudará en todo.

PROVERBIOS 3:5-6 TLA

¿En qué acciones debemos tomar en cuenta a Dios? En todas. Las pequeñas, las grandes y todas las que están en el medio.

Porque no tenemos un sumo sacerdote incapaz de compadecerse de nuestras debilidades, sino uno que ha sido tentado en todo de la misma manera que nosotros, aunque sin pecado. Así que acerquémonos confiadamente al trono de la gracia para recibir misericordia y hallar la gracia que nos ayude en el momento que más la necesitemos.

Hebreos 4:15-16

A causa de Jesús, podemos acercarnos al trono de Dios con cualquier petición y con la certeza de que recibiremos misericordia y comprensión.

Ora por la lista que hiciste en la pregunta tres y luego lee la siguiente oración, silenciosamente o en voz alta. Cuando termines de orar, mantente en silencio por un momento para escuchar la voz de Dios.

Señor, te presento esta lista de preocupaciones e inquietudes. A veces no creo que te intereses por los aspectos ordinarios y cotidianos de mi vida, pero sé que en cualquier relación es importante hablar sobre las cosas pequeñas. Por eso, Señor, pongo a tus pies esas cosas. Te las entrego todas. Permite que al hacerlo, nuestra relación se profundice. Que esto me enseñe a confiarte los aspectos grandes y

pequeños de mi vida. Aun si no recibo las respuestas
que quiero, gracias por escucharme y por preocuparte por mis necesidades, aun las ordinarias. Oro en
el nombre de Jesús, amén.

CAPÍTULO 7

Dios te ayudará cuando estés enfermo

*N*o conocemos su nombre, pero conocemos su situación. Su mundo era negro como la medianoche. Negro, al nivel de caminar a tientas por la vida tratando de encontrar ayuda. Lee estos tres versículos para que entiendas a qué me refiero:

> Jesús se fue con él, y lo seguía una gran multitud, la cual lo apretujaba. Había entre la gente una mujer que hacía doce años que padecía de hemorragias. Había sufrido mucho a manos de varios médicos, y se había gastado todo lo que tenía sin que le hubiera servido de nada, pues en vez de mejorar, iba de mal en peor. (Marcos 5:24-26)

Ella era una caña cascada: «hacía doce años que padecía de hemorragias», «había sufrido mucho», «se había gastado todo lo que tenía» e «iba de mal en peor». Estaba extenuada físicamente y marginada socialmente. Se levantaba todos los días en un cuerpo que nadie quería. Solo le quedaba una última oración. Y el día en que la encontramos, estaba a punto de pronunciarla.

Quizás te hayas sentido así. Has estado enfermo por días, semanas, años. Médicos, especialistas, pruebas... nadie parece conocer la cura y estás cansado. Estás hastiado de estar enfermo, pero sobre todo, estás cansado de tener esperanza. Todos los días oras y tienes la esperanza de que hoy será mejor que ayer, y todos los días terminas desilusionado. ¿Cómo sigues creyendo que recibirás sanidad? ¿Cómo sigues creyendo que Dios cuida de ti?

Para cuando la mujer de nuestra historia llega hasta Jesús, ya la multitud lo había rodeado. Él está en camino a ayudar a la hija de Jairo, uno de los hombres más importantes en la comunidad. ¿Cuáles son las probabilidades de que interrumpa una misión urgente con un oficial importante para ayudar a una mujer como ella? Aun así, se arriesga.

«Pensaba: "Si logro tocar siquiera su ropa, quedaré sana"» (v. 28). Era su última esperanza, su último recurso. Un último esfuerzo desesperado en una larga serie de intentos para sentirse bien, y todo dependía de ese hombre al que llamaban profeta. Todo dependía de Jesús.

Una decisión arriesgada. Para tocarlo tendrá que rozar a la gente entre la multitud. Si alguien la reconoce... bienvenidos los reproches, adiós a la sanidad. Pero, ¿qué alternativa tiene? No tiene dinero, no tiene influencia, no tiene amigos ni soluciones. Todo lo que tiene es una loca corazonada de que Jesús puede ayudarla y una última esperanza de que lo hará.

Quizás sea todo lo que tienes: una loca corazonada y algo de esperanza. No tienes nada que dar. Pero estás sufriendo. Y todo lo que puedes ofrecerle es tu dolor.

> Todo dependía de Jesús.

Tal vez sea eso lo que ha impedido que te acerques a Dios. O, has dado uno o dos pasos en su dirección. Pero entonces, viste a las otras personas que le rodeaban. Todo el mundo lucía tan limpio, tan pulcro, en forma y esbelto en su fe. Y cuando los viste, impidieron que vieras a Jesús. Así que retrocediste.

Si esto te describe, nota cuidadosamente que solo una persona fue elogiada aquel día por tener fe. No fue un donante rico. No fue un seguidor fiel. Fue una mujer marginada, sin un centavo y llena de vergüenza que se aferró a su corazonada de que Jesús la podía ayudar y a su esperanza de que lo haría.

Y, a propósito, esta no es una mala definición de fe: *una convicción de que él puede y una esperanza de que lo hará.* Suena muy parecido a la definición de fe que nos da la Biblia: «Sin fe es imposible agradar a Dios, ya que cualquiera que se acerca a Dios tiene que creer que él existe y que recompensa a quienes lo buscan» (Hebreos 11:6).

Una mujer sana jamás habría apreciado el poder de un toque del borde de su manto. Pero esta mujer estaba enferma y, cuando su dilema se encontró con su empeño, ocurrió un milagro. Su papel en la sanidad fue muy pequeño. Todo lo que hizo fue extender su brazo a través de la multitud.

> Cuando su dilema se encontró con su empeño, ocurrió un milagro.

«Si logro tocar siquiera su ropa».

Lo importante no es la forma del esfuerzo, sino hacer el esfuerzo. La realidad es que ella sí hizo algo. Se negó a aceptar su enfermedad un día más y decidió actuar al respecto.

La sanidad comienza cuando hacemos algo. La sanidad comienza cuando extendemos los brazos. La sanidad comienza cuando damos un paso de fe.

La ayuda de Dios está cerca y siempre está disponible, pero la reciben solo quienes la buscan. La gran obra en esta historia es la poderosa sanidad que ocurrió. Pero la gran verdad es que la sanidad comenzó con su toque. Y con ese gesto pequeño y valiente, ella experimentó el tierno poder de Jesús. «Jesús se dio vuelta, la vio y le dijo: "¡Ánimo, hija! Tu fe te ha sanado". Y la mujer quedó sana en aquel momento» (Mateo 9:22).

Si te falta fe, pero necesitas el poder sanador de Cristo, tal vez puedas apoyarte en la fe de un amigo. Este es el tipo de fe que Jesús vio cuando bajaron a un hombre a través de un hueco en el techo donde él estaba enseñando un día (Marcos 2:1-12).

Si nació paralítico o quedó paralítico, no lo sabemos, el resultado fue el mismo: una dependencia total de otras personas. Alguien tenía que lavarle la cara y bañarlo. No podía salir a caminar ni hacer diligencias solo.

Cuando la gente lo miraba, no veían al hombre; veían un cuerpo que necesitaba un milagro. Eso no era lo que veía Jesús, pero era lo que veía la gente. Y, sin duda, lo que veían sus amigos. Así que hicieron lo que cualquiera de nosotros haría por un amigo. Trataron de conseguirle algo de ayuda.

El rumor era que un carpintero —transformado en maestro, transformado en hacedor de milagros— estaba en la ciudad. Para cuando sus amigos llegaron al lugar, la casa estaba llena. Había gente aglomerada en las puertas. Niños sentados en las ventanas. Otros trataban de ver por encima del hombro. ¿Cómo podría un pequeño grupo de amigos llamar la atención de Jesús? Tenían que tomar una decisión: ¿entramos o nos damos por vencidos?

> El rumor era que un carpintero —transformado en maestro, transformado en hacedor de milagros— estaba en la ciudad.

¿Qué habría ocurrido si los amigos hubieran perdido la fe? ¿Qué tal si se hubieran encogido de hombros, comentado que la multitud era muy grande, que la cena se les estaba enfriando, y hubieran dado media vuelta y se hubieran ido? Después de todo, ya habían hecho una buena obra llegando tan lejos. ¿Quién los culparía por regresarse? Lo que puedes hacer por alguien tiene un límite. Pero esos amigos no habían hecho lo suficiente.

Uno dijo que tenía una idea. Los cuatro se juntaron alrededor del paralítico y discutieron un plan para subirse al techo de la casa, hacer una abertura y bajar a su amigo con sus cintos.

Era arriesgado... se podían caer. Era peligroso... él se podía caer. Era poco ortodoxo... abrir el techo era antisocial. Era indiscreto... Jesús estaba ocupado. Pero era la única oportunidad que tenían para ver a Jesús. Así que se subieron al techo.

La fe hace esas cosas. La fe hace lo inesperado. Y la fe capta la atención de Dios. Mira lo que dice Marcos: «Al ver Jesús la fe de ellos, le dijo al paralítico: "Hijo, tus pecados quedan perdonados"» (Marcos 2:5).

Al fin, ¡alguien le había tomado la palabra a Jesús! Cuatro hombres tuvieron tanta esperanza en él y tanto amor por su amigo que se arriesgaron. La camilla arriba era una señal de lo alto: ¡alguien creía! Alguien estaba dispuesto a pasar una vergüenza y a lastimarse solo por unos pocos momentos con el galileo.

La escena de fe conmovió a Jesús.

La petición de los amigos era válida... pero tímida. Las expectativas de la multitud eran altas... pero no lo suficientemente altas. Esperaban que Jesús dijera: «Te sano». Sin embargo, él dijo: «Te perdono».

Ellos esperaban que Jesús tratara el cuerpo, pues era lo que ellos veían.

Él decidió no solo tratar el cuerpo, sino también el espíritu, pues era lo que él veía.

Ellos querían que Jesús le diera un cuerpo nuevo a su amigo para que pudiera caminar. Jesús le dio gracia para que pudiera vivir. «Todos quedaron asombrados y ellos también alababan a Dios» (Lucas 5:26).

> Él decidió no solo tratar el cuerpo, sino también el espíritu, pues era lo que él veía.

Dos cuadros de fe que produjeron milagros: una mujer que estiró su brazo. Unos amigos que se acercaron. Jesús respondió en ambos casos. Hizo lo imposible por ellos. Él hará lo mismo por ti. ¿Y sabes cuál es la mejor noticia? Jesús sana el cuerpo, pero también sana el alma. Te ve como mucho más que un cuerpo enfermo. Él ve que tu corazón, tu mente y tu alma también necesitan sanidad. Te ofrece más de lo que pides porque conoce exactamente lo que necesitas. Acércate a él, ten fe y él te sanará.

Reflexión

Dedica algún tiempo a reflexionar en lo que has leído, luego escribe tus pensamientos y respuestas a las siguientes preguntas.

1. ¿Qué necesita sanidad en tu vida en este momento? ¿Tu salud física, tu corazón, una relación? Descríbelo a continuación.

_____

_____

_____

_____

_____

_____

_____

¿Qué ha sido lo más difícil de esta enfermedad o quebrantamiento?

_____

_____

_____

_____

_____

2. ¿Cómo te identificas con la mujer de Marcos 5, que tocó el manto de Jesús en un intento por ser sanada? ¿Alguna vez has sentido esa misma desesperación por ser sanado? Si es así, ¿a qué o quién recurriste?

_____

_____

_____

_____

_____

3. El Evangelio de Marcos también cuenta la historia de un grupo de hombres que ayudó a su amigo paralítico. ¿Alguna vez te ha ayudado tu comunidad en un momento de necesidad? Si es así, ¿cómo fue la experiencia?

_____

_____

_____

_____

Piensa otra vez en tu respuesta a la pregunta uno, ¿qué pasaría si buscaras ayuda y apoyo en tu comunidad en medio de esta enfermedad o quebrantamiento?

_____

_____

_____

_____

_____

¿Qué tal si te acercaras a Jesús?

_____

_____

_____

_____

La Palabra de Dios para ti

Permite que estos pasajes de las Escrituras te recuerden que Dios te ayudará si estás enfermo.

«Jesús se dio vuelta, la vio y le dijo: "¡Ánimo, hija! Tu fe te ha sanado". Y la mujer quedó sana en aquel momento».

MATEO 9:22

Nuestra fe nos sana, ya sea en nuestros cuerpos o en nuestros espíritus. La fe es esperanza.

«Vengan a mí todos ustedes que están cansados y agobiados, y yo les daré descanso. Carguen con mi yugo y aprendan de mí, pues yo soy apacible y humilde de corazón, y encontrarán descanso para su alma. Porque mi yugo es suave y mi carga es liviana».

Mateo 11:28-30

No importa cuál sea tu enfermedad, Jesús te ofrece descanso. Permítele cargar lo que sea que te esté agobiando.

«Ellos serán su pueblo, y Dios mismo estará con ellos como su Dios. Enjugará Dios toda lágrima de los ojos de ellos; y ya no habrá muerte, ni habrá más llanto, ni clamor, ni dolor; porque las primeras cosas pasaron».

Apocalipsis 21:3-4 RVR1960

En definitiva, el plan de Dios es que todos seamos sanos. Su promesa para la eternidad es que no habrá muerte, llanto ni dolor.

Lee la siguiente oración, silenciosamente o en voz alta. Cuando termines de orar, mantente en silencio por un momento para escuchar la voz de Dios.

Dios, sé que eres mi sanador. Eres el hacedor de milagros. Puedes sanar cualquier enfermedad o dolencia. Puedes resucitar a los muertos. Confieso que se me hace más fácil creer que puedes sanar a otros que creer que me sanarás a mí. Confiarte mi enfermedad y mi quebranto me hace sentir vulnerable. No quiero llenarme de esperanzas, para luego decepcionarme. Al mismo tiempo, no quiero perder la esperanza. Ayúdame a creer en tus poderes sanadores. Fortalece mi fe en ti, tu poder para sanarme y tu amor por mí. Dame el valor para pedirles ayuda a mis amigos y familiares. Permite que pueda encontrar los poderes sanadores de mi Señor Jesús. Ayúdame a creer otra vez. Señor, sáname. Oro en el nombre de Cristo, amén.

CAPÍTULO 8

Dios te ayudará a superar el dolor de la muerte

*N*o hablamos de cementerios para alegrarnos el día. Típicamente, los cementerios no se conocen por su inspiración. Pero hubo una excepción en un cementerio cerca de Betania. Y esa excepción es, en verdad, excepcional.

> Un hombre llamado Lázaro estaba enfermo. Vivía en Betania con sus hermanas María y Marta. María era la misma mujer que tiempo después derramó el perfume costoso sobre los pies del Señor y los secó con su cabello. Su hermano, Lázaro, estaba enfermo. Así que las dos hermanas le enviaron un mensaje a Jesús que decía: «Señor, tu querido amigo está muy enfermo». (Juan 1:1-3 NTV)

Juan sopesó con la realidad las palabras iniciales del capítulo: «Un hombre llamado Lázaro estaba enfermo». Tus apuntes diarios tal vez revelen una declaración comparable: «Una mujer llamada Lucía estaba cansada». «Un padre llamado Tomás estaba confundido». «Una jovencita llamada Sofía estaba triste».

Lázaro era una persona real con un problema real. Estaba enfermo, le dolía el cuerpo, tenía fiebre alta, tenía el estómago revuelto. Pero tenía algo en su favor. O, mejor dicho, tenía a *alguien* en su favor. Tenía a un amigo llamado Jesús; el Jesús del agua y el vino, del mar tempestuoso y las aguas tranquilas, de la cesta de picnic y el bufet. Otros eran fanáticos de Jesús. Lázaro era su amigo.

Así que las hermanas de Lázaro le enviaron un mensaje no muy sutil a Jesús: «Señor, tu querido amigo está muy enfermo».

> Otros eran fanáticos de Jesús. Lázaro era su amigo.

Ellas apelaron al amor de Jesús y le presentaron su problema. No le dijeron cómo responder. Ninguna presunción. Nada de extralimitarse ni restarle importancia. Ellas simplemente envolvieron su preocupación en una oración y la dejaron con Jesús. ¿Tal vez una lección para nosotros?

Cristo respondió a la crisis de salud con una promesa de ayuda. «Cuando Jesús oyó la noticia, dijo: "La enfermedad de Lázaro no acabará en muerte. Al contrario, sucedió para la gloria de Dios, a fin de que el Hijo de Dios reciba gloria como resultado"» (Juan 11:4 NTV).

Habría sido fácil malinterpretar esa promesa. Se podría perdonar si alguien hubiera escuchado: «Lázaro se recuperará y no enfrentará la muerte». Pero Jesús hizo una promesa diferente: «Esta enfermedad no acabará en muerte». Lázaro, descubrimos, llegaría al valle de la muerte, pero no permanecería allí.

El mensajero, con seguridad, regresó de prisa a Betania y le pidió a la familia que no se desanimara y tuviera esperanza.

Sin embargo, Jesús «se quedó donde estaba dos días más» (v. 6 NTV).

La crisis de salud se agravó con la de la demora. ¿Cuántas veces Lázaro les preguntó a sus hermanas: «Ya llegó Jesús»? ¿Cuántas veces le limpiaron la frente febril y luego se asomaron para ver si Jesús ya había llegado? ¿Acaso no se aseguraban mutuamente: «Jesús llegará en cualquier momento»? Pero los días llegaron y pasaron. Jesús no aparecía por ningún lado. Lázaro comenzó a debilitarse. Y Jesús no llegaba. Lázaro murió. Y Jesús no aparecía.

«Cuando Jesús llegó a Betania, le dijeron que Lázaro ya llevaba cuatro días en la tumba» (v. 17 NTV). «La fe rabínica israelita enseñaba que durante tres días el alma se quedaba merodeando el cuerpo, pero al cuarto día se iba permanentemente».[1] Jesús había llegado un día tarde o, por lo menos, eso parecía.

Las hermanas pensaban que era así. «Cuando Marta se enteró de que Jesús estaba por llegar, salió a su encuentro, pero María se quedó en la casa. Marta le dijo a Jesús: "Señor, si tan solo hubieras estado aquí, mi hermano no habría muerto"» (vv. 20-21 NTV).

Ella sentía que Jesús las había defraudado. «Si tan solo hubieras estado aquí». Cristo no había cumplido sus expectativas. Para cuando Jesús llegó, Lázaro había estado muerto la mayor parte de la semana. En nuestros días, su cuerpo ya habría sido embalsamado o cremado, el obituario publicado, la tumba comprada y el servicio funeral al menos planificado o ya celebrado.

Sé que es así porque he planeado muchos servicios funerales. Y en más de los que puedo contar, he hablado de la historia de Lázaro. Me he atrevido a pararme cerca del ataúd, mirar a los ojos a las Marta, las María, los Mateo y los Carlos de nuestros días, y decirles: «Tal vez, como Marta, te sientes decepcionado. Le contaste a Jesús sobre la enfermedad. Esperaste al lado de la cama del hospital. Guardaste vigilia en el sanatorio. Le dijiste que tu ser amado estaba enfermo, que estaba empeorando, que estaba muriéndose. Y la muerte llegó. Y algunos de ustedes se encuentran, como María, demasiado afligidos para hablar. Otros, como Marta, demasiado desconcertados para quedarse callados. ¿Estarías dispuesto a imitar la fe de Marta?».

Lee otra vez sus palabras: «Señor, *si tan solo* hubieras estado aquí, mi hermano no habría muerto; pero *aun ahora, yo sé* que Dios te dará todo lo que pidas» (vv. 21-22 NTV).

¿Cuánto tiempo crees que pasó entre el «si tan solo» del versículo 21 y el «aun ahora yo sé» del versículo 22? ¿Qué causó el cambio en su tono? ¿Vio ella algo en la expresión de Cristo? ¿Recordó una promesa del pasado? ¿Acaso Jesús limpió una lágrima de su rostro? ¿Calmó, la seguridad de él, el temor de ella? Algo movió a Marta de la queja a la confesión.

> ¿Estarías dispuesto a imitar la fe de Marta?

Jesús respondió con una promesa que desafiaba a la muerte: «Jesús le dijo: "Tu hermano resucitará". "Es cierto", respondió Marta, "resucitará cuando resuciten todos, en el día final". Jesús le dijo: "Yo soy la resurrección y la vida. El que cree en mí vivirá aun después de haber muerto [...] ¿Lo crees, Marta?"» (vv. 23-26 NTV).

El momento está repleto de drama.

Fíjate a quién le hizo Jesús esa pregunta: a una hermana afligida, con el corazón roto.

Fíjate dónde estaba parado Jesús cuando hizo esa pregunta: en las inmediaciones, quizás en el medio, del cementerio.

Fíjate cuándo hizo Jesús esa pregunta: cuatro días más tarde. Lázaro, su amigo, llevaba cuatro días muerto, cuatro días desde su partida, cuatro días enterrado.

Marta había tenido tiempo más que suficiente para darse por vencida con Jesús. Sin embargo, ahora ese Jesús tuvo la audacia de vencer la muerte y le pregunta: «¿Crees esto, Marta? ¿Crees que soy el Señor de todo, incluso del cementerio?». Quizás ella respondió con una entonación en su voz, con la convicción de un ángel triunfante, con los puños en el aire y un rostro radiante de esperanza. Si quieres, ponle una docena de signos de exclamación a su respuesta, pero no lo veo así. Escucho una pausa, la oigo tragando. Escucho un tímido: «Sí, Señor [...] Siempre he creído que tú eres el Mesías, el Hijo de Dios, el que ha venido de Dios al mundo» (v. 27 NTV).

Marta no estaba lista para decir que Jesús podía resucitar a los muertos. Pero aun así, le hizo un triple homenaje: «el Mesías», «el Hijo de Dios», «el que ha venido al mundo». Pronunció una confesión del tipo semilla de mostaza. Y eso fue suficiente para Jesús.

Marta buscó a su hermana. María vio a Cristo y lloró. Y «cuando Jesús la vio llorando y vio a la gente lamentándose con ella, se enojó en su interior y se conmovió profundamente. "¿Dónde lo pusieron?", les preguntó. Ellos le dijeron: "Señor, ven a verlo". Entonces Jesús lloró» (vv. 33-35 NTV).

¿Qué provocó que Jesús llorara? ¿Lloró por la muerte de su amigo? ¿O por el impacto que la muerte había tenido en sus amigas? ¿Lloró de tristeza? ¿De coraje? ¿Lloró por la tumba o porque el control que la tumba tenía le rompió el corazón?

Tuvo que haber sido lo último porque un Jesús decidido y animado tomó las riendas del asunto. Jesús les pidió que quitaran la piedra. Marta dudó. ¿Quién no lo haría? Él insistió. Ella lo hizo. Entonces vino la orden; sin duda, la única orden jamás dada a un cadáver. Como era su costumbre dar gracias a Dios por las situaciones imposibles, Jesús elevó una oración de gratitud, y «gritó: "¡Lázaro, sal de ahí!". Y el muerto salió de la tumba con las manos y los pies envueltos con vendas de entierro y la cabeza enrollada en un lienzo. Jesús les dijo: "Quítenle las vendas y déjenlo ir"» (vv. 43-44 NTV).

«No pasen por alto el mensaje de este milagro», me gusta decir en los funerales, aunque tengo cuidado de no emocionarme mucho porque, después de todo, es un servicio funeral. Sin embargo, me permito un poco de emoción. «No estamos solos nunca. Jesús nos encuentra en los cementerios de la vida. Ya sea que estemos allí para decir adiós o para que nos entierren, podemos contar con la presencia de Dios».

Él es «Señor tanto de los que han muerto como de los que aún viven» (Romanos 14:9). Hay una repetición programada. Lázaro fue solo un ejercicio de calentamiento. Un día, Jesús gritará y comenzará la marcha de los santos. Los cementerios, las profundidades del mar, los campos de batalla, los edificios quemados y cualquier otro lugar de descanso final para difuntos devolverán a los muertos en la condición que se encuentren. Serán recompuestos, resucitados y presentados otra vez ante la presencia de Cristo. La salvación de los santos no es meramente la redención de las almas, sino también la reunión de las almas y los cuerpos.

Cuando estamos en Cristo, sufrimos el dolor de la muerte, pero lo sufrimos con esperanza. Lázaro es evidencia de ello. Su muerte probó que nuestro Salvador llora la muerte con nosotros. Jesús se preocupa, entiende y siente el peso de la muerte igual que nosotros. Pero como conquistador de la muerte, Jesús sabe que ella no es el final. Es simplemente el inicio de una vida que no podemos imaginarnos mientras vivimos en la tierra. Así que, sufre el dolor de la muerte hoy. Recibe el consuelo de Cristo en tu aflicción, pero aférrate a la promesa de que el dolor que sientes en la noche abre paso a la alegría en la mañana.

> No estamos solos nunca. Jesús nos encuentra en los cementerios de la vida.

Reflexión

Dedica algún tiempo a reflexionar en lo que has leído, luego escribe tus pensamientos y respuestas a las siguientes preguntas.

1. Cuando meditamos en un dolor, con frecuencia pensamos en el sufrimiento que sigue a la muerte. Sin embargo, puedes sentir dolor por muchas cosas: un sueño, una relación que terminó, una casa o una ciudad de la que te mudaste. ¿Qué te está causando hoy un dolor o qué lo causó recientemente? ¿Cómo fue ese proceso?

_____

_____

_____

2. En la historia de la resurrección de Lázaro, Jesús estaba triste a causa de la muerte de su amigo. ¿Qué sientes al saber que Jesús también experimentó la aflicción de la muerte?

_____

_____

_____

Anota los pensamientos o preguntas que quieres
consultar con Jesús sobre lo que estás sufriendo en este
momento. Sé franco con él. Recuerda, él ha sentido lo
que tú sientes.

_____

_____

_____

_____

3. ¿Cómo has sentido la esperanza en medio de la
aflicción, ya sea en la temporada de duelo en la que te
encuentras ahora o en algún momento pasado?

_____

_____

_____

_____

La Palabra de Dios para ti

Permite que estos pasajes de las Escrituras te recuerden que Dios te ayudará cuando estés atravesando un dolor profundo.

> Por la noche durará el lloro,
> Y a la mañana vendrá la alegría.
>
> SALMOS 30:5 RVR1960

El duelo no dura para siempre; es una temporada.

> [Dios] restaura a los de corazón quebrantado y cubre
>   con vendas sus heridas.
> Él determina el número de las estrellas
> y a todas ellas les pone nombre.
> Excelso es nuestro Señor, y grande su poder;
> su entendimiento es infinito.
>
> SALMOS 147:3-5

No hay dolor que Dios no entienda.

«Dichosos los pobres en espíritu,
porque el reino de los cielos les pertenece.
Dichosos los que lloran,
porque serán consolados».

MATEO 5:3-4

El consuelo de Jesús bendice a los que lloran.

Lee la siguiente oración, silenciosamente o en voz alta. Cuando termines de orar, mantente en silencio por un momento para escuchar la voz de Dios.

Padre, sé que eres mi consolador. Sé que eres fuerte cuando yo soy débil. Sé que eres esperanza cuando lo que siento es desesperanza. Hoy necesito todo esto de ti —consuelo, fuerza y esperanza— porque por mí mismo no puedo encontrarlos. Cuando el dolor me agobia, lo único que veo es oscuridad y lo único que siento es desesperación. Pero tú te identificas con este dolor. Lo conoces muy bien. Recuérdame tu amor durante este tiempo. Recuérdame que puedo compartir contigo mis pensamientos y mis luchas. No te asustan los sentimientos negativos. Sostenme mientras atravieso esta temporada de aflicción. No permitas que huya de ella, pero tampoco dejes que caiga en la desesperación. Guíame a la esperanza y la luz que tengo en Cristo. En su nombre, amén.

CAPÍTULO 9

Dios te ayudará cuando necesites dirección

Si pudiéramos ordenar la vida como damos una orden para que nos den una taza de café gourmet. ¿No te encantaría mezclar los ingredientes de tu futuro a tu gusto?

«Dame una taza de aventuras, grande y bien caliente, quítale los peligros y ponle dos cucharadas de buena salud».

«Por favor, un café de larga vida descafeinado, con unas gotitas de fertilidad. Añádele mucha agilidad y quítale la discapacidad».

«Quiero un moca de placer con indulgencias extra. Asegúrate de que no tenga malas consecuencias».

«Quiero un café grande de felicidad, con leche, una cucharada de amor y espolvoreado con una jubilación en el Caribe».

Llévame a esa cafetería. Qué lástima que no exista. La verdad es que a veces la vida nos sirve un mejunje completamente diferente del que pedimos. ¿Has sentido alguna vez como si el barista del cielo dijo tu nombre y te entregó una taza de estrés no deseado?

«Juan Pérez, disfruta tu jubilación temprana. Parece que viene con problemas matrimoniales e inflación».

«María Rodríguez, querías cuatro años de estudios universitarios y luego tener hijos. Vas a tener los hijos primero. Felicitaciones por tu embarazo».

«Una taza caliente de traslado de trabajo seis meses antes de la graduación de tu hija, Susana. ¿Quieres algo de paciencia con eso?».

> «Quiero un café grande de felicidad, con leche, una cucharada de amor y espolvoreado con una jubilación en el Caribe».

La vida nos llega como un café cargado con sorpresas. Modificaciones. Transiciones. Alteraciones. Te desplazan en el trabajo, te mudas de la casa, le dan tu trabajo a otra persona, avanzas en el trabajo. ¡Tantos cambios! Algunos son bien recibidos, otros no. Y en esas raras ocasiones cuando crees que el mundo se ha calmado, ¡ten cuidado! Hace poco un setentón le dijo a uno de mis amigos: «Mi vida ha sido buena. Ahora estoy disfrutándola y esperando el futuro». Dos semanas después, un tornado azotó la región, y perdieron la vida su hijo, su nuera, su nieto y la madre de su nuera. Simplemente no sabemos, ¿no es así? En nuestra lista de miedos, el temor a lo que viene exige un lugar importante. Tal vez pidamos una vida descafeinada, pero no la recibimos. Los discípulos tampoco.

«Me voy» (Juan 14:28).

Imagínate la conmoción de los discípulos cuando escucharon estas palabras de Jesús. Se las dijo la noche de la celebración de la Pascua, el jueves por la noche, en el aposento alto. Cristo y sus amigos acababan de disfrutar de una tranquila cena en medio de una semana caótica. Tenían razones para sentirse optimistas: la popularidad de Jesús estaba en aumento. Las oportunidades eran cada vez más. En tres cortos años, las multitudes habían elevado a Cristo sobre sus hombros... él era la esperanza del hombre común.

Los discípulos hablaban con retórica del reino, estaban listos para lanzar fuego sobre sus enemigos y se peleaban por conseguir posiciones aventajadas en el consejo ministerial de Cristo. Se imaginaban la restauración de Israel a sus días de gloria. Sin ocupación romana ni opresión extranjera. Este era el desfile a la libertad y Jesús lo encabezaba.

¿Y ahora esto? Jesús dijo: «Me voy». El anuncio los sorprendió. Cuando les explicó: «"Ustedes ya conocen el camino para ir adonde yo voy". Dijo entonces Tomás: "Señor, no sabemos a dónde vas, así que ¿cómo podemos conocer el camino?"» (Juan 14:4-5). Cristo les dio a sus discípulos una taza de una enorme transición, y ellos trataron de devolvérsela. ¿Acaso no hacemos lo mismo nosotros? ¿Y quién lo logra? ¿Quién va por la vida libre de sorpresas? Si no quieres cambio, ve a una máquina que vende refrescos; es el único lugar donde no encontrarás ningún cambio. ¿Recuerdas el resumen de Salomón?

> Este era el desfile a la libertad y Jesús lo encabezaba.

Hay una temporada para todo,
un tiempo para cada actividad bajo el cielo.
(Eclesiastés 3:1 NTV)

Si continúas leyendo los siete versículos que siguen, contarás veintiocho temporadas diferentes. Tiempo para nacer, morir, llorar, reír, amar, odiar, abrazar, despedirse. Dios reparte la vida de la misma forma en que controla su cosmos: a través de temporadas o estaciones. Cuando se trata de la tierra, entendemos la estrategia gestionaría divina. La naturaleza necesita el invierno para descansar y la primavera para despertar. No nos escondemos en refugios subterráneos cuando vemos los primeros brotes de los árboles en la primavera. Los colores del otoño no hacen que se disparen las sirenas de alerta. Las estaciones terrenales no nos perturban. Pero sin duda las personales e inesperadas sí lo hacen. Por la manera en que nos aterramos ante los cambios, cualquiera pensaría que están cayendo bombas del cielo.

«¡A correr se ha dicho! ¡La graduación está a la vuelta de la esquina!».

«La junta de directores acaba de contratar a un nuevo gerente de operaciones. ¡Sálvese quien pueda!».

«Suban al autobús a las mujeres y a los niños, y múdense al norte. ¡La tienda por departamentos va a cerrar!».

Los cambios estremecen nuestras vidas con altibajos pero, cuando eso pasa, Dios envía a alguien especial para estabilizarnos.

En la víspera de su muerte, Jesús les dio esta promesa a sus discípulos: «Sin embargo, cuando el Padre envíe al Abogado Defensor como mi representante —es decir, al Espíritu Santo—, él les enseñará todo y les recordará cada cosa que les he dicho. Les dejo un regalo: paz en la mente y en el corazón. Y la paz que yo doy es un regalo que el mundo no puede dar. Así que no se angustien ni tengan miedo» (Juan 14:26-27 NTV).

Como cuando un maestro saliente les presenta su reemplazo a sus estudiantes, así nos presentó Jesús al Espíritu Santo. Y qué respaldo tan categórico le dio. Jesús llamó al Espíritu Santo su «representante». El Espíritu viene en el nombre de Cristo, con igual autoridad y poder. Más temprano, aquella noche, Jesús había dicho: «Yo le pediré al Padre, y él les dará otro Consolador para que los acompañe siempre» (Juan 14:16).

> Los cambios estremecen nuestras vidas con altibajos pero, cuando eso pasa, Dios envía a alguien especial para estabilizarnos.

«Otro Consolador». Ambos términos resplandecen. El idioma griego usa dos palabras para *otro*. Una quiere decir «totalmente diferente» y la otra se traduce como «otro igual que el primero». Cuando Jesús promete «otro Consolador», usa la segunda palabra, «otro igual que el primero».

La distinción es reveladora. Digamos que estás leyendo un libro mientras viajas en un autobús. Alguien se sienta a tu lado, interrumpe tu lectura y te pregunta sobre el libro. Tú le dices: «El autor es Max Lucado. Te lo regalo. Puedo conseguir otro».

Cuando dices «puedo conseguir otro», ¿quieres decir «otro» en el sentido de «cualquier otro» libro? ¿Una novela de detectives, un libro de cocina o una novela romántica en presentación rústica? Por supuesto que no. Como eres una persona con un gusto exquisito, te refieres a un libro idéntico al que tan amablemente regalaste. De haber estado hablando griego, habrías empleado la palabra que Juan usó cuando registró la promesa de Jesús: *allos*, «otro igual que el primero».

¿Y quién es el primero? Jesús mismo. Entonces, la garantía que Jesús les ofrece a sus discípulos es esta: «Yo me voy. Ustedes están comenzando una nueva temporada, un capítulo diferente. Muchas cosas serán distintas, pero algo permanece constante: mi presencia. Disfrutarán de la presencia de "otro Consolador"».

Consolador significa «amigo, ayudador, intercesor, abogado, fortalecedor, alguien siempre listo para ayudar». Todos estos descriptores intentan representar el hermoso significado de *parakletos*, un término griego compuesto por dos palabras. *Para* que significa «al lado de» (piensa en «*para*lelo» o «*para*doja»). *Kletos* significa «ser llamado, designado, asignado o nombrado». El Espíritu Santo fue elegido para acompañarnos. Él es la presencia de Jesús con y en los seguidores de Cristo.

¿Te das cuenta por qué los discípulos necesitaban ese aliento? Es la noche del jueves antes de la crucifixión. Cuando amanezca el viernes, abandonarán a Jesús. Para la hora del desayuno estarán escondiéndose en rincones y recovecos. A las nueve de la mañana, los soldados romanos clavarán a Jesús en una cruz. Mañana a esta misma hora, ya habrá muerto y estará enterrado. Están a punto de que le vuelquen el mundo al revés. Y Jesús quiere que sepan que nunca enfrentarán el futuro sin su ayuda. Ni tú tampoco. Tienes un compañero de viaje.

> El Espíritu Santo fue elegido para acompañarnos.

Cuando pones tu fe en Cristo, él pone su Espíritu delante, detrás y en ti. No un espíritu extraño, sino el mismo Espíritu: el *parakletos*. Todo lo que Jesús hizo por sus discípulos, el Espíritu lo hace por ti. Jesús enseñó; el Espíritu enseña. Jesús sanó; el Espíritu sana. Jesús consoló; el Espíritu consuela. Y cuando Jesús te envía a nuevas temporadas en la vida, envía a su Consolador para que te acompañe.

¿Estás en vísperas de un cambio? ¿Estás mirando un nuevo capítulo? ¿Están las hojas de tu mundo mostrando las señales de una nueva estación? El mensaje del cielo para ti es claro: aunque todo lo demás cambie, la presencia de Dios no cambia nunca. Viajas en la compañía del Espíritu Santo que «[te] enseñará todas las cosas y [te] hará recordar todo lo que [te ha] dicho» (Juan 14:26).

Así que amístate con lo que sea que venga. Recíbelo. Acéptalo. No lo resistas. El cambio no solo es parte de la vida; es una parte necesaria de la estrategia de Dios. Él modifica nuestras tareas para usarnos con el fin de cambiar al mundo. Gedeón: de granjero a general; María: de joven campesina a madre de Cristo; Pablo: de rabino local a evangelista mundial. Dios llevó a José de hermanito menor a príncipe en Egipto. A David lo cambió de pastor a rey. Pedro quería pescar en el mar de Galilea. Dios lo llamó para dirigir a la primera iglesia. Dios reasigna tareas.

¿Qué tarea podría estar reasignándote? No importa lo que sea, todos tenemos una comisión suprema en común, una que hace que los cambios y las transiciones de esta vida pasen a un segundo plano: la gloria eterna. Quiero una taza grande, por favor. «Una taza extragrande de alegría eterna en la presencia de Dios. Añádele bastante asombro y elimina todas las angustias». Dale, pídela. El Barista todavía está colando café. Y hasta donde sabes, podría ser la próxima taza que te tomes.

Reflexión

Dedica algún tiempo a reflexionar en lo que has leído, luego escribe tus pensamientos y respuestas a las siguientes preguntas.

1. ¿Estás enfrentando algún cambio o transición en tu vida? ¿Cómo te sientes al respecto?

_____

_____

_____

_____

En el pasado, ¿cómo has respondido a las temporadas de cambio? ¿Ha sido tu respuesta útil o dolorosa? ¿Por qué?

_____

_____

_____

_____

_____

2. Como alguien que conoce el final de la historia, ¿en qué modo habrías ayudado a los discípulos a entender el anuncio de Jesús de que se iría?

_____

_____

_____

_____

_____

Ahora, haz como si conocieras el final de tu historia en medio de cualquier cambio o transición que estés enfrentando. Confía en que será un cambio difícil, pero bueno y necesario. ¿Qué palabras de aliento te dirías hoy en la misma manera que escribiste palabras de aliento a los discípulos?

_____

_____

_____

_____

3. ¿Qué papel juega el Espíritu Santo en nuestras vidas?

_____

_____

_____

_____

¿Cómo puedes depender de la ayuda del Espíritu Santo durante este tiempo de cambio?

_____

_____

_____

_____

4. ¿Alguna vez has recibido una «reasignación de tarea» por parte de Dios debido a una transición? ¿Qué fue y cómo te cambió?

_____

_____

_____

_____

_____

¿Qué reasignación puede estar esperando por ti durante la transición en la que estás en este momento y cómo te sientes al respecto?

_____

_____

_____

_____

La Palabra de Dios para ti

Permite que estos pasajes de las Escrituras te recuerden que Dios te ayudará cuando necesites dirección.

> ¡Cuánto te amo, SEÑOR, fuerza mía!
> El SEÑOR es mi roca, mi amparo, mi libertador;
> es mi Dios, el peñasco en que me refugio.
> Es mi escudo, el poder que me salva,
> ¡mi más alto escondite!
>
> SALMOS 18:1-2

No importa lo que esté cambiando en tu vida, Dios sigue siendo el mismo. Él es tu roca y tu más alto escondite.

> Hay una temporada para todo,
> un tiempo para cada actividad bajo el cielo.
> Un tiempo para nacer y un tiempo para morir.
> Un tiempo para sembrar y un tiempo para cosechar.
>
> ECLESIASTÉS 3:1-2 NTV

El cambio viene en temporadas, pero ninguna temporada dura para siempre.

«Les digo estas cosas ahora, mientras todavía estoy con ustedes. Sin embargo, cuando el Padre envíe al Abogado Defensor como mi representante —es decir, al Espíritu Santo—, él les enseñará todo y les recordará cada cosa que les he dicho. Les dejo un regalo: paz en la mente y en el corazón. Y la paz que yo doy es un regalo que el mundo no puede dar. Así que no se angustien ni tengan miedo».

JUAN 14:25-27 NTV

El Espíritu Santo es un regalo que derrama paz en tu espíritu de una manera en que el mundo nunca podrá hacerlo.

Lee la siguiente oración, silenciosamente o en voz alta. Cuando termines de orar, mantente en silencio por un momento para escuchar la voz de Dios.

Querido Dios, no estoy seguro de qué sigue en mi vida, lo que me produce ansiedad y temor. Los tiempos de cambio son difíciles para mí, aunque pueden ser emocionantes. Oro que la presencia de tu Espíritu Santo esté conmigo y que me ayudes a ser consciente de su presencia en mi vida cotidiana. Enséñame cómo depender del Espíritu, hablar con el Espíritu y, sobre todo, a conocer al Espíritu... el regalo que Cristo nos dejó cuando se fue de la tierra. Estoy agradecido porque no tengo que pasar todo esto solo, porque tengo un ayudante y un maestro. Dame un corazón dispuesto a aprender. Prepárame para escuchar y recibir tu sabiduría, y así estar listo para lo que sea que venga después. Oro en el nombre de Jesús, amén.

CAPÍTULO 10

Dios te ayudará a perdonar

Algunas personas abandonan la ruta del perdón porque la perciben como extremadamente empinada. Así que hablemos de esto con sinceridad. El perdón no absuelve la ofensa, no ignora ni excusa la fechoría. El perdón no es necesariamente reconciliación. Reestablecer una relación con el transgresor no es esencial ni siempre posible. Es más, la frase «perdona y olvida» establece un estándar imposible de alcanzar. Los recuerdos dolorosos no son como la ropa vieja. Se resisten a que te desprendas de ellos fácilmente.

> Marchar en dirección al perdón es un paso decisivo hacia la felicidad.

Perdonar es simplemente el acto de cambiar tu actitud hacia el ofensor; es pasar de un deseo de herir a considerar la posibilidad de estar en paz. Marchar en dirección al perdón es un paso decisivo hacia la felicidad.

Cuando unos investigadores de la Universidad de Duke enumeraron ocho factores que promueven la estabilidad emocional, cuatro de ellos se relacionaban con el perdón:

1. Evitar la sospecha y el resentimiento.
2. Dejar de vivir en el pasado.
3. No perder tiempo ni energía peleando con condiciones que no pueden cambiarse.
4. Rehusarte a caer en la autocompasión cuando recibes un trato injusto.[1]

Con razón la flotilla de versículos bíblicos «unos con otros» que leemos en la carta de Pablo a los efesios incluye un barco llamado *USS Perdón* (N. del E.: USS significa United States Ship [barco de Estados Unidos]) . «Más bien, sean bondadosos y compasivos unos con otros, y perdónense mutuamente, así como Dios los perdonó a ustedes en Cristo» (Efesios 4:32).

Para Pablo no era suficiente decir «perdónense unos a otros según les dicte su conciencia». Ni «en la medida en que se sientan cómodos». Ni «siempre que sea sensato». No, Pablo hizo lo que le encantaba hacer: usó a Jesús como nuestro estándar. Perdona a los demás como Cristo te perdonó a ti.

Así que dejemos las epístolas y pasemos las páginas hacia la izquierda, hasta los evangelios, para buscar algún momento en el que Jesús perdonó a otros. No bien llegamos a la entrada trasera del Evangelio de Juan y encontramos un ejemplo. La historia incluye un recipiente de agua, una toalla, dos docenas de pies sudados y una docena de discípulos.

> Sabía Jesús que el Padre había puesto todas las cosas bajo su dominio, y que había salido de Dios y a él volvía; así que se levantó de la mesa, se quitó el manto y se ató una toalla a la cintura. Luego echó agua en un recipiente y comenzó a lavarles los pies a sus discípulos y a secárselos con la toalla que llevaba a la cintura. (Juan 13:3-5)

¿Cuánto tiempo crees que tomó ese lavado de pies? Si suponemos que Jesús usó dos o tres minutos por cada pie, este acto habría tomado casi una hora. Recuerda, Jesús estaba en sus minutos finales con sus discípulos. Si midiéramos con un reloj de arena los tres años con ellos, solo quedarían por caer unos pocos granos. Jesús decidió usarlos en ese silencioso sacramento de humildad.

Más tarde aquella noche, los discípulos se dieron cuenta de la magnitud de ese gesto. Habían prometido quedarse con su Maestro, pero esas promesas se derritieron como cera al calor de las antorchas romanas. Cuando los soldados llegaron marchando, los discípulos se fueron corriendo.

Me los imagino corriendo a toda velocidad hasta que, desprovistos de fuerza, se desplomaron en el suelo, dejaron caer sus cabezas y miraron el suelo con cansancio. Y justo, en ese momento, vieron los pies que Jesús acababa de lavarles. En ese preciso momento entendieron que él les había dado gracia antes que supieran que la necesitaban.

> Si midiéramos con un reloj de arena los tres años con ellos, solo quedarían por caer unos pocos granos.

Jesús perdonó a sus traidores antes que lo traicionaran.

¿No ha hecho lo mismo por nosotros? Nos han herido, tal vez profundamente. ¿Pero acaso no hemos sido perdonados preventivamente? Antes de saber que necesitábamos gracia, nos la ofrecieron.

Imagínate que, de alguna manera, llegara a mis manos un video con tu historia de pecados. Todo acto contrario. Todo pensamiento caprichoso. Toda palabra imprudente. ¿Te gustaría que lo mostrara en una pantalla? ¡Para nada! Me rogarías que no lo hiciera. Y yo te rogaría que no mostraras el mío.

No te preocupes. No lo tengo. Pero Jesús sí. Él lo ha visto. Ha visto cada momento clandestino, en el asiento trasero y con doble intención de nuestras vidas. Y ha decidido: «Mi gracia es suficiente. Puedo purificar a esta gente. Limpiaré sus traiciones». Por esa razón debemos convertir el Aposento Alto de la Gracia en nuestra dirección residencial.

El apóstol Juan abogó por este pensamiento de la limpieza perpetua de Cristo:

Pero, si vivimos en la luz, así como él está en la luz, tenemos comunión unos con otros, y la sangre de su Hijo Jesucristo nos limpia de todo pecado. (1 Juan 1:7)

Si confesamos nuestros pecados, Dios, que es fiel y justo, nos los perdonará y nos limpiará de toda maldad. (1 Juan 1:9)

Cristo, nuestro lavador. Él sabía que nuestras promesas caerían como un vaso roto. Sabía que correríamos como un rayo hacia el oscuro callejón de la vergüenza. Sabía que esconderíamos nuestros rostros entre las rodillas.

En ese contexto, Pablo nos instó a seguir la dirección de Jesús. A dar gracia en lugar de recibir castigo. Dar gracia, no porque otros la merezcan, sino porque nos han empapado con ella. «Perdónense mutuamente, así como Dios los perdonó a ustedes en Cristo» (Efesios 4.32).

Jesús echó agua en un recipiente, se ató una toalla a la cintura y le dijo a su iglesia: «Así es como hacemos esto».

«Pues, si yo, el Señor y el Maestro, les he lavado los pies, también ustedes deben lavarse los pies los unos a los otros. Les he puesto el ejemplo, para que hagan lo mismo que yo he hecho con ustedes» (Juan 13:14-15).

Deja que otros discutan y peleen; nosotros no.

Deja que otros busquen venganza; nosotros no.

Deja que otros lleven su lista de ofensores; nosotros no.

Nosotros nos atamos la toalla a la cintura. Nosotros echamos agua en el recipiente. Nosotros nos lavamos los pies los unos a los otros.

Jesús podía hacer eso porque sabía quién era: enviado del cielo y destinado al cielo. ¿Y tú? ¿Sabes quién eres? Eres la creación de un Dios bueno, hecho a su imagen. Estás destinado a gobernar en un reino eterno. Estás solo a latidos del cielo.

Si estás seguro de lo que eres, puedes hacer lo que Jesús hizo. Deshazte del manto de derechos y expectativas, y da el paso más valiente de todo. Lávales los pies a otros.

Seamos «bondadosos y compasivos unos con otros, y [perdonémonos] mutuamente» (Efesios 4:32).

> Jesús echó agua en un recipiente, se ató una toalla a la cintura y le dijo a su iglesia: «Así es como hacemos esto».

Bondadosos: maleables, tiernos, amables y receptivos.

Insensibles: fríos, duros, intransigentes.

¿Qué palabras describen tu corazón?

Quiero aclarar algo, mi objetivo no es descartar lo que hizo el ofensor ni restarle importancia a tu dolor. La pregunta no es: *¿Te hirieron?* La pregunta es: *¿Vas a permitir que tu dolor te endurezca? ¿Te adormezca? ¿Te robe toda la alegría?*

¿No preferirías que fuéramos «bondadosos y compasivos unos con otros»?

Prueba estos tres pasos.

Decide qué necesitas perdonar. Sé específico. Redúcelo a la ofensa identificable. «Se comportó como un imbécil» no sirve. «Prometió dejar el trabajo en la oficina y ser más atento en casa». Eso, así está mejor.

Pregúntate por qué te hiere. ¿Por qué te duele esta ofensa? ¿Qué te hiere de la ofensa? ¿Te sientes traicionado? ¿Ignorado? ¿Aislado? Esfuérzate lo más que puedas para encontrar la respuesta y, antes de llevarlo al ofensor...

Llévalo a Jesús. Nadie te amará más que él. Permite que esta herida sea una oportunidad para acercarte más a tu Salvador. ¿Esta experiencia y la falta de perdón obstaculizan tu bienestar? ¿Te roban tu paz? Si la respuesta es sí, camina en dirección al perdón. Habla con Jesús sobre la ofensa hasta que la ira se apague. Y cuando reaparezca, vuelve a hablar con Jesús.

Y si, en algún momento, *sientes que es seguro...*

Habla con la persona que te ofendió. Con mente clara y motivos puros, presenta una queja. Sé específico. No seas demasiado dramático. Simplemente explica la ofensa y cómo te hace sentir. Podría ser algo como lo que sigue: «Acordamos que nuestro hogar fuera un refugio. Sin embargo, después de la cena, parece que te pierdes en tus correos electrónicos y proyectos. Como consecuencia, me siento sola bajo mi propio techo».

Si lo haces con respeto y sinceridad, es un paso hacia el perdón. Abordar un tema delicado no tiene nada de fácil. Te estás poniendo un atuendo de siervo. Y cuando lo haces, le estás dando al perdón la oportunidad de salirse con la suya y ganar la partida.

¿Será así? ¿Triunfará la gracia? No hay garantía. Si lo hace o no, el siguiente paso es...

Ora por el que te ofendió. No puedes forzar la reconciliación, pero puedes ofrecer intercesión. «Oren por quienes los persiguen» (Mateo 5:44). La oración revela cualquier rencor que todavía esté merodeando y ¡qué mejor lugar para verlo! ¿Estás frente al trono de la gracia, pero aun así se te hace difícil dar gracia? Pídele a Jesús que te ayude.

He aquí una última idea:

Lleva a cabo un funeral: Entierra la ofensa. No me refiero a enterrarla en el sentido de reprimirla. No ganas nada escondiendo emociones negativas en tu espíritu. Pero ganas algo maravilloso cuando tomas el recuerdo, lo metes en un ataúd (basta con una caja de zapatos) y lo entierras en el cementerio conocido como «Mi vida sigue adelante». Quítate el sombrero, cúbrete el corazón y derrama una última lágrima. Cuando el coraje reaparezca, simplemente recuérdate: «Llegó el momento de avanzar valientemente hacia un futuro prometedor».

> Abordar un tema delicado no tiene nada de fácil. Te estás poniendo un atuendo de siervo.

¿Estás listo para dar uno de estos pasos? ¿Quizás solo el primero? Si algún resentimiento está presionando tu espíritu, tal vez sea el momento de seguir el ejemplo de Jesús en el aposento alto. Es posible que sea el tiempo de perdonar como Cristo te perdonó.

Reflexión

Dedica algún tiempo a reflexionar en lo que has leído, luego escribe tus pensamientos y respuestas a las siguientes preguntas.

1. El perdón es un tema embarazoso y puede traerte recuerdos difíciles. ¿Qué pensamientos y recuerdos vinieron a tu mente mientras leías este capítulo?

_____

_____

_____

_____

_____

¿Pensaste en alguien específico a quien necesitas perdonar? Si es así, ¿a quién? ¿Por qué necesitas perdonar a esa persona?

_____

_____

_____

_____

_____

2. Relee la historia de Jesús lavándoles los pies a los discípulos en Juan 13:3-5. ¿Qué te llama más la atención en ese pasaje?

_____

_____

_____

_____

_____

¿Cómo se habría sentido ser un discípulo en el aposento alto aquella noche?

_____

_____

_____

_____

_____

3. ¿Cuál crees que es el propósito del perdón? ¿Cómo llegaste a esa creencia? ¿A través de la experiencia personal, la Biblia o lo que alguien te dijo? Explica tu respuesta a continuación.

_____

_____

_____

_____

_____

4. De los pasos hacia el perdón descritos en este capítulo, ¿cuál podrías dar hoy con respecto a alguien que necesitas perdonar? ¿Qué te parece dar ese paso?

_____

_____

_____

_____

La Palabra de Dios para ti

Permite que estos pasajes de las Escrituras te recuerden que Dios te ayudará a perdonar.

> ¡Oh Señor, eres tan bueno, estás tan dispuesto a perdonar, tan lleno de amor inagotable para los que piden tu ayuda!
>
> Salmos 86:5 ntv

Dios no reserva un poco de amor y perdón para cada uno de nosotros. Él tiene suficiente y lo da generosamente a todo el que se acerca a él.

> Entonces se le acercó Pedro y le dijo: Señor, ¿cuántas veces perdonaré a mi hermano que peque contra mí? ¿Hasta siete?
>
> Jesús le dijo: No te digo hasta siete, sino aun hasta setenta veces siete.
>
> Mateo 18:21-22 rvr1960

El perdón no es un acto de una sola vez; es una postura que mantenemos hacia los demás.

Más bien, sean bondadosos y compasivos unos con otros, y perdónense mutuamente, así como Dios los perdonó a ustedes en Cristo.

EFESIOS 4:32

Perdonamos porque él nos perdonó primero.

Lee la siguiente oración, silenciosamente o en voz alta. Cuando termines de orar, mantente en silencio por un momento para escuchar la voz de Dios.

Querido Dios, confieso que pedir perdón no es algo que me agrade hacer con naturalidad. Puedo guardar rencor por mucho tiempo. Recuerdo cómo la gente me ha lastimado. Recuerdo quién me ha lastimado. Temo que, si los perdono, se saldrán fácilmente con la suya. Quiero hacer justicia con mis propias manos. Pero sé que Jesús provee otro camino; uno de gracia, amor y paz, en el que no es mi responsabilidad juzgar a otros y puedo soltar las ofensas pasadas. Ablanda mi corazón para que pueda seguir el camino de Jesús. Muéstrame cómo perdonar de la forma en que he sido perdonado. Gracias por enviar a tu Hijo, para que así no se me olvide que he recibido perdón por mis pecados. Según voy entendiendo mejor la forma en que me has perdonado, permite que pueda ofrecer perdón a otros. En el nombre de Jesús, amén.

Conclusión

*A*ndrés López pensó que podría capear el huracán en su barco de pesca. El huracán Irma se estaba acercando peligrosamente a las costas de Florida. Los avisos les advertían a los residentes que se aseguraran y a los dueños de embarcaciones que fueran a un lugar seguro. La tormenta ya había causado estragos en el Caribe y amenazaba con hacerle lo mismo a Miami.

López escuchó las advertencias y conocía los peligros; aun así, creía que él y su barco de pesca de veinticinco pies podrían sobrevivir. Solo tenía razón a medias. Cuando las olas comenzaron a rugir, su barco empezó a estremecerse. Su camarote daba vueltas como el interior de una lavadora. Comenzó a entrar agua y él rebotaba de un lado a otro.

No quería abandonar el barco. Su amado *Run Running* era más que una embarcación de recreo; era su hogar. López no era un miembro refinado de la sociedad de dueños de yates; era el equivalente a un invasor de los mares; un marinero que anclaba a las afueras de la costa de Coconut Grove. Se ganaba la vida vendiendo pescado y limpiando cascos de barcos. Sus cincuenta y seis años habían dejado su huella; había perdido casi toda su audición y casi todos sus dientes. Y ahora no estaba dispuesto a perder su barco.

Se resguardó, con la esperanza de poder resistir. Pero el cielo se oscureció y comenzaron los relámpagos. Su barco se inclinó a estribor en un ángulo extremo. Subió a cubierta, evaluó sus opciones y tomó una decisión. Se lanzó a la bahía de Biscayne y comenzó a nadar. Miró hacia atrás justo a tiempo para ver cómo se volcaba su nave. Luchó casi cien metros contra las olas que rompían con furor. Subió gateando a una pequeña duna que servía como rompevientos. Tuvo tiempo suficiente para escupir agua salada y recuperar el aliento antes de que la marejada ciclónica lo arrastrara otros casi doscientos metros y lo llevara hasta la valla trasera de un estadio de béisbol en un parque de la ciudad.

Los rescatistas lo encontraron rasguñado, magullado y empapado hasta los huesos. Pero estaba vivo. Entonces les dijo a los rescatistas: «¿Han visto la película *La tormenta perfecta*? Esta fue mi película catastrófica».

¿Acaso todos no tenemos una? En algún momento de nuestras vidas, azota el huracán, se abren las compuertas celestiales, nuestra embarcación rebota como una bola de pimpón en un túnel de viento y nos preguntamos —realmente nos preguntamos— si vamos a ahogarnos.

Tal vez hoy estés sintiendo esa tormenta. ¿La tormenta de la soledad? ¿De la inquietud? Las olas se encrespan. El trueno retumba. Y tu corazón palpita con fuerza.

Entre las historias de tormentas, la más famosa no incluye un barco de pesca cerca de Miami, sino un barco de pesca en Galilea. Los discípulos habían luchado contra las olas durante toda la noche. Estaban empapados a causa de la lluvia, estaban roncos de tanto gritar y vieron una figura acercándose. «... [ellos] vieron que Jesús se acercaba a la barca, caminando sobre el agua...» (Juan 6:19).

Entre todos los lugares para ver a Jesús, lo vieron en la tormenta.

Mi oración es que hagas lo mismo.

Cuando los cielos de una relación se oscurezcan. Cuando los vientos de la preocupación sacudan tu mundo. Cuando las olas del dolor te agobien. Ve a Jesús. Escucha su voz. El que se preocupa. El mismo Dios que caminó sobre las aguas es tu ayuda siempre presente.

«No temas, que yo te he redimido; te he llamado por tu nombre; tú eres mío. Cuando cruces las aguas, yo estaré contigo; cuando cruces los ríos, no te cubrirán sus aguas... cuando camines por el fuego, no te quemarás ni te abrasarán las llamas.

Yo soy el Señor, tu Dios, el Santo de Israel, tu Salvador... no temas, porque yo estoy contigo». (Isaías 43:1-3, 5)

¿Hay tormentas azotando tu mundo? Nadie cuestiona las luchas de la vida. Tan segura como la tormenta es la promesa de Dios para calmarla. Cuando no puedas encontrarlo, él te encontrará a ti.

«En su angustia clamaron al Señor, y él los sacó de su aflicción. Cambió la tempestad en suave brisa: se sosegaron las olas del mar. Ante esa calma se alegraron, y Dios los llevó al puerto anhelado». (Salmos 107:28-30)

Dios te ayudará.

Notas

Introducción

1. Patrick Henry Hughes, *I Am Potential*, Lifelong Publishing, 2008, p. 3.
2. Rick Reilly, «Trumpeting the Father of the Year», *Sports Illustrated*, 16 octubre 2006.

Capítulo 1: Dios te ayudará cuando te sientas ansioso

1. Edmund J. Bourne, *The Anxiety and Phobia Workbook*, 5ta. ed. (Oakland: New Harbinger, 2010), p. xi [*Ansiedad y fobias, Libro de trabajo* (Málaga: Sirio, 2016)].
2. Taylor Clark, «It's Not the Job Market: The Three Real Reasons Why Americans Are More Anxious Than Ever Before», *Slate*, 31 enero 2011, http://www.slate.com/articles/arts/culturebox/2011/01/its_not_the_job_market.html.
3. John Ortberg, *Guarda tu alma* (Miami: Vida, 2014), p. 51.
4. Clark, «It's Not the Job Market».
5. Ibíd.
6. Robert L. Leahy, *Anxiety Free: Unravel Your Fears Before They Unravel You* (Carlsbad: Hay House, 2009), p. 4.

7. Bourne, *The Anxiety and Phobia Workbook*, p. xi.
8. Joel J. Miller, «The Secret Behind the Bible's Most Highlighted Verse», *Patheos*, 6 junio 2013, https://www.patheos.com/blogs/joeljmiller/2013/06/the-secret-behind-the-bibles-most-highlighted-verse/.

Capítulo 2: Dios te ayudará a solucionar tus problemas
1. Traducción de Frederick Dale Bruner, *The Gospel of John: A Commentary* (Grand Rapids, MI: Eerdmans, 2012), p. 359.
2. Bruner, *Gospel of John*, p. 359.
3. Bruner, p. 359.
4. Génesis 41:9-14; Éxodo 2:6; 1 Samuel 17:48-49; Mateo 27:32-54.

Capítulo 3: Dios te ayudará a vencer tus temores
1. Shelley Wachsmann, *The Sea of Galilee Boat: An Extraordinary 2000 Year Old Discovery* (Nueva York: Plenum Press, 1995), pp. 39, 121.

Capítulo 4: Dios te ayudará cuando te sientas atascado
1. En las traducciones más recientes de este texto se ha decidido eliminar una referencia curiosa a un ángel que, de cuando en cuando, agitaba el agua. La primera persona que

tocara el agua después de ser agitada era sanada. Casi todos los eruditos evangélicos concuerdan en que un redactor o editor añadió estas palabras para explicar por qué la gente acudía al estanque. Ya sea que la frase haya estado o no en el texto original de Juan, la realidad sigue siendo que multitudes de enfermos rodeaban el estanque de Betesda: «En esos pórticos se hallaban tendidos muchos enfermos, ciegos, cojos y paralíticos» (Juan 5:3).

2. «Bethesda», BibleWalks.com, https://biblewalks.com/Sites/Bethesda.html.

Capítulo 6: Dios te ayudará en tu vida cotidiana

1. Seis tinajas de agua de 25 galones cada una son 150 galones. Hay 128 onzas en un galón, así que 150 galones serían lo mismo que 19.200 onzas. Por lo general, una botella de vino contiene 25,4 onzas; por lo tanto, 19.200 onzas llenarían 756 botellas.

Capítulo 8: Dios te ayudará a superar el dolor de la muerte

1. Bruner, *Gospel of John*, p. 664.

Capítulo 10: Dios te ayudará a perdonar

1. «Peace of Mind», estudio sociológico llevado a cabo por la Universidad de Duke, citado en Rudy A. Magnan, *Reinventing American Education: Applying Innovative*

and Quality Thinking to Solving Problems in Education (Bloomington, IN: Xlibris, 2010), p. 23. Estos son los otros cuatro: 1. Permanecer involucrado en el mundo de los vivos. 2. Cultivar las anticuadas virtudes del amor, el humor, la compasión y la lealtad. 3. No esperar mucho de uno mismo. 4. Creer en algo más grande que uno.

Acerca del autor

*D*esde sus inicios en el ministerio en 1978, Max Lucado ha servido a iglesias en Miami, Florida; Río de Janeiro, Brasil, y en San Antonio, Texas. Actualmente funge como ministro de enseñanza en la congregación Oak Hills Church en San Antonio. Es el autor inspiracional más vendido de Estados Unidos, con más de 140 millones de libros impresos.

Visita su sitio web en MaxLucado.com
Facebook.com/MaxLucado
Instagram.com/MaxLucado
Twitter.com/MaxLucado

Gracia para todo momento ha tocado millones de vidas con pensamientos inspiradores para cada día al enfatizar la ayuda y esperanza en Dios en la vida diaria. Esta edición del libro best seller de Max Lucado es perfecta para que toda la familia la disfrute. A lo largo del libro se presentan cien devocionales para adultos y los correspondientes para niños. Con los devocionales lado a lado, padres y niños pueden leer y orar juntos acerca del tema de cada día. Se incluyen las Escrituras para leer en voz alta y preguntas enriquecedoras diseñadas para llevar a la familia a profundizar en la fe.